Mia Frogner

Grün für Gäste

Vegetarische Menüs aus aller Welt

Fotos: Josefin Linder
Aus dem Norwegischen von Ricarda Essrich

Jan Thorbecke Verlag

INHALT

DAS NEUE, DAS GRÜNE, DAS SPANNENDE UNBEKANNTE

Ich vertrete die Theorie, dass fast jeder eine oder zwei Handvoll an Rezepten und Gerichten kennt, die er oder sie wirklich gut beherrscht. Die im Handumdrehen gezaubert werden, wenn der Alltag seinem Namen alle Ehre macht, voller Termine, Wäsche und viel zu wenig Zeit ist. Rezepte, die wir aus dem Ärmel schütteln, wenn wir Freunde oder Familie zum Abendessen eingeladen haben. Die, für die man sich an uns erinnert. Die, die wir vererben. Du weißt schon, die Linsensuppe, die Mia immer gemacht hat, die so unheimlich lecker war! Und dagegen ist auch gar nichts einzuwenden. Trotzdem gibt es ein Aber. Was ist mit allem anderen? All den anderen Geschmäcken, all den anderen Zutaten, mit denen wir uns vielleicht nie vertraut machen? All den Kombinationen, an denen sich die Geschmacksknospen vielleicht nie ausprobieren dürfen? All den Methoden, von denen wir nichts wissen, all den Techniken, die unsere Hände nicht üben? All der – um sich eines Klischees zu bedienen – Magie, die am Küchentisch, im Ofen, in einem Topf, in einer Salatschüssel geschehen könnte, wenn wir uns nur ein winziges Bisschen aus unserer Komfortzone wagen, einen Schritt hinaus aus unseren Gewohnheiten machen?

" Dieses Buch ist für alle, für die das Neue ungewohnt ist, und für alle, die im Neuen das Spannende sehen.

Nur selten bereite ich das gleiche Essen zweimal zu, pflege ich zu sagen. Und das ist gleichzeitig wahr und unwahr, denn ich koche sehr häufig Variationen des gleichen Gerichts, aber selten wird es genauso wie beim ersten Mal. Ironischerweise bin ich zu schlecht darin, Rezepte so zu befolgen, als dass mir das gelingen könnte. Doch es liegt auch an meiner Neugier. Was passiert, wenn ich es so mache? Was passiert, wenn ich ein wenig Paprika ergänze? Was passiert, wenn ich Pilze nehme, weil ich keine Aubergine habe? Und so ist es bei mir in der Küche immer, Tag für Tag, Woche für Woche, Jahr für Jahr. Ich betrachte das Ganze als Training für meine Neugier, und je mehr ich sie trainiere, desto besser erschließen sich mir all diese neuen Dinge, Aromen, Zutaten, Methoden, Techniken und Kombinationen.

Es geht dabei darum, sich mit den Aromen vertraut zu machen, sich mit ihnen wohlzufühlen. Sich Methoden, Pfannen und Töpfe anzueignen, zu lernen, wie viel Zeit die Dinge brauchen, was mit den Zutaten alles möglich ist – vor allem aber geht es darum, den eigenen Geschmack zu entwickeln. Ich hoffe, dass Sie dieses Buch genauso auffassen und es zu Ihrem eigenen machen, dass Sie die Rezepte auf sich selbst anpassen, jene Änderungen vornehmen, die Ihre Geschmacksknospen Ihnen diktieren, indem Sie Dinge ergänzen oder weglassen, Lieblingsgerichte finden und so lange in Ihrem Hinterkopf schmoren lassen, bis sie zu den Ihren werden.

Dieses Buch ist für alle, für die das Neue ungewohnt ist, und für alle, die im Neuen das Spannende sehen. Es ist für alle gedacht, die schon ein wenig Erfahrung beim Kochen haben, und hoffentlich für diejenigen von Ihnen, welche die ganze Zeit viel kochen. Es ist gedacht für alle, die im Alltag grüner essen möchten, und für alle, die sich schon vegetarisch oder vegan ernähren. Es ist für alle gedacht, die an einem gewöhnlichen Werktag abends etwas Neues essen möchten, und für alle, die ihren Freunden allerlei neue Aromen auftischen möchten. Und es ist definitiv gemacht für alle, die ihre Freunde mit in die Küche nehmen möchten, um Aromen, Zutaten und nicht zuletzt das Endergebnis gemeinsam zu erforschen. Es ist für alle gemacht, die ein Rezept befolgen möchte, und für alle, die fühlen, dass sie unterwegs lieber ihre eigenen Wege gehen. Alles ist erlaubt. Solange Sie experimentierfreudig sind.

GEMEINSAM GENIEßEN

Das Essen ist fertig! Wie oft haben Partner, Ehefrauen und -männer, Mütter, Großmütter, Väter oder Großväter wohl diese Worte aus der Küche durch das ganze Haus schallen gehört. Wenn sie mit den Düften und dem Tellerklappern um die Wette durchs Haus ziehen, um auch die hintersten Ecken und Winkel zu erreichen? Wer damals zuerst da war, ist es auch heute noch. Der gewohnheitsmäßige Trödler muss nur noch kurz etwas erledigen, ein Erwachsener muss zuerst die Zeitung zu Ende lesen. Aber dann versammeln sich alle rund um den Küchentisch, die Töpfe kommen auf den Tisch, Schöpfkelle, Löffel und Gabeln werden aus der obersten Schublade geholt, aus der, die inzwischen etwas locker ist, weil sie jeden Tag unzählige Male geöffnet und geschlossen wird. Die Kleinsten (oder die Größten) haben es auf einen ganz speziellen Teil des Gerichts abgesehen, auf den sie besonders viel Lust haben, sei es eine ganz bestimmte Pizzaecke oder die größten Avocadostücke im Salat. Und um sich genau das Stück zu sichern, das auf genau diesen Teller gehört, fliegen Arme und Stimmen kreuz und quer über den Tisch, während die Gläser mit Wasser gefüllt werden. Dann lässt der Lärm nach, Gesäße werden auf Stühlen platziert, die Schultern entspannen sich, es wird tief Luft geholt, um ein wenig zu pusten, bevor der erste Bissen in den Mund wandert. Und plötzlich wird es still. Ganz, ganz still.

Von jemandem nach Hause eingeladen zu werden, ist ein Vertrauensbeweis, eine Art zu sagen: Ich möchte Dich in meinem Leben haben.

„*Gefräßiges Schweigen*" nennt meine Familie die Stille, die sich ausbreitet, wenn sich das Chaos zu Beginn des Abendessens legt. Ein paar Sekunden oder sogar Minuten lang wird es still am Tisch, während alle die ersten Bissen des Essens kosten, die Konsistenz erfühlen. Ist es zu scharf, fehlt Salz? In welcher Reihenfolge soll ich essen, soll ich alles miteinander vermengen oder fein sorgfältig in Würfel schneiden? Gabel in der rechten und Messer in der linken Hand? Oder nur eine Gabel oder vielleicht ein Löffel? Mag ich es? Ein großer, eiliger Schluck Wasser, damit man sich nicht verbrennt, weil man etwas zu hastig angefangen hat. Dann schwillt der Geräuschpegel wieder an. Was hast Du heute gemacht? Dieses oder jenes war sehr gut. Hast Du daran gedacht abzuholen, was Du abholen musstest? Habt Ihr alles, was Ihr für das, was heute Abend passieren soll, braucht? Wisst Ihr, was sie mir heute erzählt hat? Gespräche und Speisen sind während der Mahlzeit untrennbar miteinander verbunden, eine Symbiose, bis die Teller leer sind, die Reste für das Lunchpaket am nächsten Tag verpackt wurden, der Abwasch gemacht und die Arbeitsplatte abgewischt wurde.

Wir Menschen sind es vielleicht nicht gewohnt, so viel darüber zu philosophieren, was gemeinsames Essen für uns bedeutet. Es ist ein natürlicher Teil des Alltags. Wir essen vielleicht morgens und abends mit denen, mit denen wir zusammenleben, mittags mit den Kollegen (eine halbe Stunde, bei der der

Geräuschpegel meist nicht so stark anschwillt, jedenfalls nicht dort, wo ich jeden Tag zu Mittag esse). Aber lassen Sie uns hier und jetzt dafür einmal Zeit nehmen.

Wenn *Das Essen ist fertig!* gerufen wird, dient dieser Ruf nicht der Information. Es ist eine Einladung, ein Herbeirufen, wie eine Turmuhr, die schlägt, und alle wissen, was es bedeutet: Man hört mit dem auf, was man gerade tut, und versammelt sich, um gemeinsam zu essen, Freunden und Familienmitgliedern in die Augen zu sehen und zusammen zu sein. Der Ess- oder Küchentisch ist für sehr viele von uns einer der Orte, die sich am stärksten im Gedächtnis verankern, wenn wir uns an die Kindheit oder die Jugend erinnern. An die Abendessen, zu denen wir andere einluden und eingeladen wurden. An die Stunden, die verfliegen, wenn die Gespräche sich entwickeln, die dabei immer feinsinniger und tiefgründiger werden. Bei Tisch werden unsere Erinnerungen von und mit denen, mit denen wir zusammen sind, geformt. Und gleichzeitig finden wir uns selbst. Wir lernen, was wir mögen, was wir schmecken, was wir denken und was wir meinen. Wir benutzen unseren Mund zum Reden und Schmecken, Küssen und Pusten. Wir benutzen ihn, um Zuneigung, Freude, Traurigkeit, Frustration und Wut auszudrücken; um zu zeigen, dass wir dasjenige und diejenigen, mit denen wir uns umgeben, wertschätzen, oder sogar um das Essen oder – noch schlimmer – die Person, die es serviert, abzulehnen, indem wir den Mund für

" Wir versammeln uns rund um das Essen. Es ist der Kern einer Gemeinschaft.

Gespräche und Speisen geschlossen halten, mit verkniffener Miene und zusammengepressten Lippen. Und all diese Zeit, all diese Blicke, Bissen und Aromen rund um den Küchentisch werden für die Ewigkeit in uns eingeschlossen und bilden unsere Geschichte – sowohl unsere eigene als auch die, die wir mit anderen teilen.

So ist es immer gewesen, seit Generationen schon. Wir versammeln uns rund um das Essen. Es ist der Kern einer Gemeinschaft, egal, ob es sich dabei um Familie, Freunde, Kollegen, Nachbarn oder Fremde handelt, die wir unterwegs getroffen und zu uns zum Essen eingeladen haben. Jemanden zum Essen einzuladen, ist etwas mehr als die Einladung zu einem Kaffee. Es ist eine Einladung in unser Heim, dorthin, wo wir am meisten wir selbst sind, wo wir schlafen, krank sind, weinen, lachen, lächeln und teilen, was wir nur mit denen teilen, die uns besonders nahe stehen. Von jemandem nach Hause eingeladen zu werden, ist ein Vertrauensbeweis, eine Art zu sagen: Ich möchte Dich in meinem Leben haben.

Eine meiner deutlichsten Erinnerungen aus der Kindheit handelt davon, wie meine Mutter einmal Freundinnen zu Besuch erwartete. Meist kamen sie zu Käse, Crackern und Rotwein, wie es in den späten Achtzigerjahren auf dem Land üblich war. Sie bereitete alles vor, räumte auf und spülte, schnippelte und spülte, deckte ein und polierte Gläser. Alles sollte hübsch und ordentlich sein und natürlich fertig, wenn die Gäste kamen. Und als die Gäste kamen, schlich ich umher und atmete die gute Stimmung, die Atmosphäre und die Gespräche ein, die Freude darüber, zusammen zu sein, die beinahe spürbar war. Ach, wie ich es hasste, ins Bett gehen zu müssen!

Jetzt, als Erwachsene, liebe ich es, diese Stimmung zu Hause selbst zu erzeugen. Doch häufig sitze ich da und frage mich, wie ich Zeit dafür finden soll. Schon die Aufgabe, einen Abend zu finden, der allen passt, ist schwierig genug. Und dann natürlich der Abend selbst. Wenn man schon eine Stunde oder auch zwei in der Küche stehen muss, bevor die Gäste kommen und der gemütliche Teil beginnen kann.

Ich möchte Sie dazu ermuntern, sich Zeit zu nehmen. Nehmen Sie sich Zeit dafür, Stimmung am Küchentisch zu erzeugen und gemeinsam mit denen, mit denen Sie gerne zusammen sind, Erinnerungen zu schaffen. Außerdem möchte ich Sie ermutigen, Ihre Gäste auch zum Kochen einzuladen. Lassen Sie uns die Überlegung, was eine Mahlzeit bedeutet, erweitern: Was bedeutet eigentlich eine Einladung zum Essen, und wie füllen wir die Stunden, die wir gemeinsam verbringen? Ich wünsche mir, dass wir auf eine Art zusammenkommen, bei der es nicht nur ums Essen, sondern auch ums Kochen geht. Sich zu entspannen und zu denken: Weißt Du was? Wir machen das zusammen, wir müssen nicht bis Samstag warten, wir machen das am Dienstag! Vielleicht haben Sie ja Zeit für häufigere Treffen, vielleicht kann sich die Großfamilie direkt nach der Arbeit treffen, anstatt dass jeder erst zu sich nach Hause fährt. Vielleicht schaffen es die Freundinnen ja trotz Terminen zu einem gemeinsamen Essen unter der Woche. Denn essen muss man schließlich ohnehin, oder?

> **Ich wünsche mir, dass wir auf eine Art zusammenkommen, bei der es nicht nur ums Essen, sondern auch ums Kochen geht. Sich zu entspannen und zu denken: Weißt Du was? Wir machen das zusammen, wir müssen nicht bis Samstag warten, wir machen das am Dienstag!**

Bei uns zu Hause kommt es nur selten vor, dass das Essen fertig auf dem Tisch steht, wenn die Gäste kommen. Und bei den wenigen Malen, bei denen dies der Fall ist, empfinde ich beim Gedanken an den Besuch mehr Stress als Freude. Wir sind schon seltsam, oder? Und bei den Malen, wo ich den Besuch entspannt empfangen habe, vorher einen Plan gemacht und eingekauft habe, vielleicht ein paar Dinge vorbereitet habe und dann Arbeitsaufgaben, Schneidebretter, Messer und Gemüse an die Gäste delegiere, die sich rund um den Küchentisch eingefunden haben, vielleicht noch eine Flasche Wein öffne und auf die Gläser verteile? Kaum etwas empfinde ich als gemütlicher. Die Stimmung, die sich so ausbreiten kann, erleichtert die Gespräche untereinander beinahe derart, als würde man gemeinsam einen Ausflug unternehmen. Wenn man Gemüse schneidet und gleichzeitig spricht, werden die Gespräche besser, das Lachen sitzt lockerer, bis schließlich gerufen werden kann: Das Essen ist fertig! Abgesehen davon, dass ja nicht gerufen werden muss, weil ja schon alle da sind und Bescheid wissen. Alle empfinden Stolz auf das Essen, das wir gemeinsam zubereitet haben. Und all das, was vorher Stress bedeutet hat, löst sich jetzt in Luft auf, weil alle dazu beigetragen haben, keiner im Esszimmer sitzt und ungeduldig mit den Fingern trommelt, während Sie allein in der Küche Stress haben. Alle waren dabei, alle sind neugierig auf das Ergebnis. Ich bin daher davon überzeugt, dass – wenn erst einmal Bretter und Messer aufgeräumt, der Inhalt der Töpfe gar ist und alles aus dem Ofen geholt wurde – Gastgeber und Gäste, kleine und große, besonders stolz auf gerade den Teil des Essens sind, an dessen Zubereitung sie selbst beteiligt waren, und finden, dass alles zusammen besonders gut schmeckt.
Und dann können wir essen.

DIE JAGD NACH UMAMI

Für mich ist jede Mahlzeit, ob mittags oder abends, eine Jagd nach Umami. Und zwar so sehr, dass, als ich die Leser meines Blogs gefragt habe, wie mein nächstes Buch, also dieses hier, heißen soll, die überwältigende Mehrheit der Antworten lautete, das Buch solle einfach Umami heißen.

Umami ist ein Wort, das häufig vorkommt, wenn man über Geschmack spricht. Gleichzeitig ist Umami vielleicht auch die Geschmacksrichtung, mit der wir am schwierigsten etwas Konkretes verbinden können. Also lassen Sie uns ein wenig über Umami sprechen – denn es ist der Schlüssel für eine wirklich gut schmeckende pflanzenbasierte Ernährung.

Wir sind lange davon ausgegangen, dass der Mensch vier verschiedene Geschmacksrichtungen wahrnehmen kann – süß, salzig, sauer und bitter. Bis irgendein kluger japanischer Forscher im frühen 20. Jahrhundert herausfand, dass wir wahrscheinlich über einen fünften Geschmack verfügen. Er taufte ihn *Umami*. Ironischerweise mangelt es meiner norwegischen Muttersprache an jenen Wörtern, die in anderen Sprachen gerne verwendet werden, um Umami zu beschreiben, wie z. B. *savoury food* auf Englisch. Daher ist es vermutlich nicht verwunderlich, dass man hierzulande so wenig über Umami spricht.

Aber was ist Umami?

Für mich ist Umami der Geschmack, der ein Gericht abrundet. Der Geschmack, der uns denken lässt ‚Oh Mann, was ist da drin, wo kommt dieser Geschmack her?' Der Geschmack, der langweilige, fade Speisen von aromatischen unterscheidet, die nach viel schmecken. Rein physiologisch besitzt der Mensch tatsächlich eigene Rezeptoren, um Umami wahrzunehmen, im Gegensatz zu den anderen Geschmäcken, die alle von den gleichen Rezeptoren wahrgenommen werden, weil das Gehirn sie später wieder voneinander unterscheidet. Daher wird auch wahrgenommen, wenn Umami fehlt. Und zwar

> **Für mich ist Umami der Geschmack, der ein Gericht abrundet. Der Geschmack, der uns denken lässt ‚Oh Mann, was ist da drin, wo kommt dieser Geschmack her?'**

immer. Die Umami-Rezeptoren reagieren vor allem auf Glutamat, das in den Speisen, die wir mit dem englischen Begriff *savoury* bezeichnen, ganz natürlich enthalten ist. Es gibt auch zahlreiche synthetische Ersatzprodukte für natürliches Glutamat, in denen es in Form von *Mononatriumglutamat*, auch als MNG bezeichnet, vorkommt. Daher finden Sie häufig MNG als Zusatzstoff in pflanzlichen Fertigprodukten, damit Sie genau diesen Geschmack erhalten. Aber bedenken Sie: Glutamat muss grundsätzlich nicht als synthetischer Zusatzstoff verwendet werden, es gibt ihn in unseren Lebensmitteln. Wir müssen nur wissen, wie wir ihnen diese Geschmäcke entlocken.

Umami im Fleisch

Als Vegetarierin und mittlerweile Veganerin habe ich endlose Gespräche mit Fleischessern darüber geführt, dass ihrer Meinung nach vegetarisches Essen nach weniger schmeckt als „normales Essen". Sie sagen das nicht, weil sie unverschämt sind. Meist stimmt es sogar – denn sowohl Fisch als auch Fleisch sind natürliche Umami-Quellen, und wenn jemand an diesen Geschmack gewöhnt ist, schmeckt alles ohne

> **Sowohl Gemüse als auch Gemüsebrühe können reich an Umami sein. Doch allen Gemüsesorten ist gemeinsam, dass ihr Umami-Geschmack deutlicher hervortritt, wenn sie erhitzt oder karamellisiert werden.**

ihn recht flach. Einer der häufigsten Kommentare, die ich zu meinen Gerichten von Leuten höre, die an vegetarische Küche nicht gewöhnt sind, geht in die Richtung „Es fehlte gar nichts in dem Gericht!" Und es ist genau dieser Umami-Geschmack, an den sie dann denken, wenn auch nur ganz weit hinten in ihrem Hinterkopf und ohne, dass sie dabei eigentlich einen bewussten Bezug zu diesem Geschmack hätten. Denn nicht nur in Fleisch und Fisch kommt Umami natürlich vor, auch wenn viele an diese Zutaten am meisten gewöhnt sind, jedenfalls angesichts der Ernährung, die auf der nördlichen Erdhalbkugel üblich ist.

Umami in der pflanzlichen Ernährung

Sowohl Gemüse als auch Gemüsebrühe können reich an Umami sein. Doch allen Gemüsesorten ist gemeinsam, dass ihr Umami-Geschmack deutlicher hervortritt, wenn sie erhitzt oder karamellisiert werden. Denken Sie nur an den Unterschied zwischen rohen und sonnengetrockneten Tomaten – das ist Umami! Denken Sie nur an den Unterschied zwischen einem rohen Pilz und einem eingelegten oder gebratenen – *das ist Umami!* Denken Sie nur an den Geschmack, wenn eine Gemüsebrühe stundenlang vor sich hin köchelt – *das ist Umami!* Gebackenes Gemüse aus dem Ofen (denken Sie an Möhren!), gegrilltes Gemüse (denken Sie an Zucchini!), denken Sie an lange gebratene – karamellisierte – Zwiebeln! – *das ist Umami!* Denken Sie an den Unterschied zwischen rohen und im Ofen gerösteten Nüssen – *das ist Umami!*
Genau deshalb enthalten die meisten meiner Rezepte einen oder zwei Zubereitungsschritte, bei denen die Gemüsesorten auf die eine oder andere Art erhitzt werden: um diesen fantastischen Geschmack und ein fantastisches Umami-Erlebnis hervorzulocken.

Wo finden Sie Umami?

Beim Kochen haben Sie viele Möglichkeiten, den Umamigeschmack hervorzubringen, und wenn Sie ganz bewusst eine oder mehrere dieser Zutaten in Ihre Speisen integrieren, geschieht die Zubereitung von Essen mit massenhaft Umami bald ganz automatisch.

NÜSSE UND SAMEN RÖSTEN

Alle Nüsse bekommen einen intensiveren Geschmack, wenn sie in einer Pfanne oder im Ofen geröstet werden. Gleichzeitig tritt auch der Umamigeschmack deutlicher hervor. Es gibt einen guten Grund, warum ich alle asiatischen Gerichte mit gerösteten Erdnüssen oder geröstetem Sesam garniere, und dabei geht es nicht nur um den Crunch.

PILZE

Pilze sind eine meiner Lieblingsquellen für Umami. Es gibt wenig, was gebratene Pilze schlägt, egal ob ganz oder als Zutat in einer größeren Einheit. Ich weiß, dass viele bei Pilzen skeptisch sind, und ich verstehe auch, warum: Konsistenz – und Geschmack – sind für viele von uns etwas ungewöhnlich. Aber vor allem, wenn Sie sich pflanzenbasiert ernähren, möchte ich Ihnen unbedingt empfehlen, mehr Pilze in Ihren Speisen zu verarbeiten! Beginnen Sie zunächst mit Rezepten, in denen sie klein geschnitten verarbeitet werden. Dann nehmen Sie nicht die Stücke, sondern nur den leckeren Geschmack wahr.

TOMATEN

Tomaten sind wahrscheinlich der Umami-Geschmack, der am leichtesten zur Verfügung steht. Der Unterschied, den Tomatenmark ausmacht, oder der besondere Geschmack, den Sie durch sonnengetrocknete Tomaten erhalten, das ist Umami. Deshalb schmecken gebratene oder gegrillte Tomaten so gut, und deshalb sollten Sie Tomatensauce länger als bloß 2 Minuten kochen, bevor Sie sie genießen.

FERMENTIERTE SPEISEN

Unglaublich, was Fermentation im Hinblick auf Umami bewirken kann. Wahrscheinlich ist die Kombination aus beidem der Grund dafür, dass wir den Geschmack ein wenig seltsam und gleichzeitig lecker finden, wenn wir es nicht gewohnt sind, viel Fermentiertes zu essen. Zwei meiner Favoriten, die man kaufen kann, ohne erst Fermentierungsexperte werden zu müssen, sind Miso – fermentierte Sojabohnen – und Sojasauce. Das gilt auch für Balsamico, vegane Worcestersauce und Tempeh – gar nicht zu sprechen von Bier und Wein.

NÄHRHEFE UND GRÜNER TEE

Nährhefe ist – anders, als der Name vermuten lässt – keine Hefe, sondern eine deaktivierte Hefe voller Umami. Nicht ohne Grund ist Nährhefe der beste Freund der Veganer – nicht weil sie nach Käse schmeckt (auch wenn viele dabei an den Geschmack von Käse denken), sondern weil sie nach Umami schmeckt, und Käse enthält viel natürliches Umami. Ich verarbeite Nährhefe z. B. zu *Not Parm* (oder auch *Not Parmesan*, siehe S. 123) – ein Gericht, das nicht nach Parmesan, sondern nach Umami schmeckt, weil es *sowohl* Nüsse *als auch* Nährhefe enthält! Grüner Tee ist ebenfalls reich an Umami-Geschmack und eignet sich ebenfalls hervorragend zum Kochen.

EINIGE GEWÜRZE UND KRÄUTER

Wenig überraschend ist wohl, dass auch einige getrocknete Gewürze voller Umami stecken. Paprika und Kreuzkümmel sind für mich die beiden wichtigsten, und sie werden wöchentlich, wenn nicht sogar täglich in meiner Küche verarbeitet. Kräuter wie Rosmarin und Thymian können auch für das Umami-Erlebnis sorgen.

TANG UND ALGEN

Der Geschmack, den Sie an Ihrem vegetarischen Sushi so lieben, ist Umami. Dafür sorgen Seegras und Nori-Blätter, und wenn Sie Algensalat mögen, wissen Sie jetzt, warum. Nori-Blätter können ganz, in kleineren Stücken auf einem Salat oder in Streifen als Topping verarbeitet werden.

EIN TEIL, MEHRERE TEILE ODER ALLES AUF EINMAL. SIE ENTSCHEIDEN.

Dieses Buch ist in fünfzehn Kapitel unterteilt. Jedes Kapitel besteht aus einer Handvoll Rezepten, kleinen und großen, mehr oder weniger aufwendigen. Sie haben gemeinsam, dass sie auf irgendeine Weise zusammenpassen. Sie stammen vielleicht aus der gleichen Region, es werden die gleichen Zutaten oder Gewürze verarbeitet, und sie bieten Kostproben von Essenskulturen, die ich persönlich sehr, sehr mag. Vorne im Buch finden Sie die Rezepte Kapitel für Kapitel nach ihrer Zusammengehörigkeit aufgelistet. Ganz hinten im Buch sind sie noch einmal in alphabetischer Reihenfolge aufgeführt. So finden Sie hoffentlich problemlos, was Sie suchen.

> Ich mag das Wort *Mitbringparty* und das Konzept, das dahintersteht.

EIN TEIL

Sie können jedes Rezept für sich betrachten und nachkochen. Vielleicht finden Sie eine Lieblingssauce oder ein Hauptgericht, das Eingang in Ihr festes Repertoire findet? Alle Rezepte sind einzeln aufgeführt, auch wenn sie als Kapitel zusammen ein Ganzes bilden. So können Sie ganz leicht Ihre persönlichen Favoriten herausfinden und müssen nicht in einem längeren Rezept nach einer Sauce suchen. Vielleicht können Sie auch einen Ihrer Klassiker mit einer neuen Ergänzung aus dem Buch erneuern?

MEHRERE TEILE

Sowohl innerhalb eines Kapitels als auch kapitelübergreifend gibt es verschiedene Teile, die gut zusammenpassen. Ich werde Ihnen zwischendurch Hinweise und Tipps geben, welche das sind – z. B. lässt sich die Aioli aus dem Kapitel *Erst Antipasti, dann Lasagne* hervorragend mit den Rezepten in den Kapiteln *Englisches Frühstück* oder *Sandwiches* kombinieren.

ALLES AUF EINMAL

Die Kapitel und Buchseiten sind folgendermaßen aufgebaut: Wenn Sie aus dem Vollen schöpfen möchten, entweder indem Sie ein komplett fertiges Abendessen servieren oder vier, fünf oder sechs Freunde zum Kochen einladen, können Sie dafür das ganze Kapitel verwenden, ohne mehrere Bücher zu benötigen oder mit klebrigen Händen zu viel vor- und zurückblättern zu müssen.

EINEN TEIL FÜR JEDEN

Ich mag das Wort *Mitbringparty* und das Konzept, das dahintersteht. Planen Sie eine solche Party, können Sie die Kapitel folgendermaßen einsetzen: Verkünden Sie, dass alle etwas mitbringen, und teilen Sie die Rezepte unter sich auf, sodass jeder einen Teil macht. Dann versammeln sich alle um den Tisch. Es gibt kaum etwas Schöneres, als zu sehen, dass sich ein leerer Tisch im Handumdrehen füllt, wenn die Gäste zur Tür hereinkommen!

WIE BERECHNET MAN GERICHTE FÜR WENIGE PERSONEN – ODER FÜR VIELE?

Das ist eine wirklich gute Frage, und ich frage mich das auch oft: Wie kann ich sicher sein, dass die Mengen ausreichen? Ich bin wahrscheinlich nicht die einzige, die diese Furcht von ihrer lieben Mutter geerbt hat, vor allem, wenn Gäste erwartet werden. Ich möchte versuchen, Ihnen dabei zu helfen.

Wie erwähnt, ist dieses Buch so aufgebaut, dass jedes Kapitel für sich genommen ein großes Festmahl beinhaltet, und wenn Sie nur einzelne Teile zubereiten, ergeben diese eine gute Alltagsmahlzeit – und vielleicht sogar ein paar Reste fürs Mittagessen am nächsten Tag. Doch dazu kommen variable Faktoren: Sind die Gäste große Esser? Mögen sie das Essen (ich drücke Ihnen selbstverständlich alle Daumen und Zehen dafür, dass sie es lieben werden)? Was machen Sie mit den Rezepten? Lassen Sie etwas weg, fügen Sie etwas hinzu? All diese Dinge, die ich Sie immer auffordere zu tun, machen es etwas komplizierter festzulegen, für wie viele hungrige Mäuler das Essen reichen wird.

Daher habe ich versucht, Mengen statt Portionen aufzuschreiben. Das macht das Ganze vielleicht nicht viel einfacher, daher habe ich noch eine Art Checkliste entwickelt, die Sie durchgehen können, wenn Sie Einkauf und Zubereitung – ob alleine oder gemeinsam mit anderen – planen:

1. Wer kommt, und wie gerne essen die Personen?
2. Was will ich kochen, wie sättigend sind die Speisen, die serviert werden sollen?
3. Was ist das Hauptgericht der Mahlzeit? Denken Sie daran, dass jeder mindestens eine gute Portion bekommen sollte, egal ob es eine rechteckige Lasagne, ein Bao Bun oder eine Bowl ist.
4. Wie viel koche ich dazu? Wenn Sie mindestens zwei bis drei Beilagen planen, können Sie die Menge des Hauptgerichts entsprechend anpassen.
5. Wird es ein Dessert geben? Die Sache mit dem Dessertmagen ist ein Mythos. Daher sollten Sie das auch einkalkulieren.
6. Esse ich die Reste, falls es welche gibt?

Lautet die Antwort auf die letzte Frage Ja, sollten Sie keine Angst davor haben, zu große Mengen zu kochen. Alle Kapitel sind so aufgebaut, dass jedes Dressing, jeder Salat und jede Beilage am nächsten Tag (oder am Tag danach) als Snack, Mittagessen oder Beilage gegessen werden kann. Es ist also kein Problem, wenn Vorspeisen und Beilagen übrig bleiben. Doch Sie sollten auf jeden Fall sicherstellen, dass Sie vom Hauptgericht genug haben. Auch das kann prima später als Abendessen aufgegessen werden.

Zusammenfassend lässt sich sagen: Wenn Sie alle Rezepte aus einem Kapitel nachkochen, haben Sie ein Abendessen für vier bis sechs Personen – es sei denn, jemand ist besonders hungrig, lässt Essen in der Tasche verschwinden oder macht sich mit dem Hauptgericht aus dem Staub. Guten Appetit!

" Wie kann ich sicher sein, dass die Mengen ausreichen? Ich bin wahrscheinlich nicht die einzige, die diese Furcht von ihrer lieben Mutter geerbt hat, vor allem, wenn Gäste erwartet werden.

„WAS IST DAS?"
ZUTATEN, DIE VIELLEICHT UNGEWOHNT, ABER DOCH SO LECKER SIND!

Bei all den Rezepten, Speisen und Erinnerungen, die ich in diesem Buch beschrieben habe, sind sicher einige Zutaten enthalten, die Ihnen neu oder ungewohnt vorkommen – und das ist ja auch kein Problem, genauso lernt man ja neue Dinge kennen. In diesem Kapitel werde ich einige solcher Zutaten etwas näher erläutern. Die meisten erhalten Sie im Reformhaus oder größeren Supermärkten, denn in den letzten Jahren ist es, Gott sei Dank, immer einfacher geworden, spannendende, gute, etwas andere Zutaten zu bekommen. Ich bin außerdem ein Freund davon, Marktleiter zu fragen, ob sie bestimmte Zutaten, die mir fehlen, besorgen können. Im Großen und Ganzen sagen sie Ja.

Wenn Sie finden, diese Liste zieht sich so lange dahin wie ein schwieriges Jahr, und denken, Sie müssten all das anschaffen, um dieses Buch benutzen zu können, lassen Sie mich Folgendes betonen: Das ist nicht nötig. In den meisten Rezepten gebe ich alternative Zutaten an, vor allem dort, wo sie nicht die Hauptrolle spielen. Doch wenn Sie finden, dass Essen Spaß macht, und neugierig sind auf neue Zutaten und Aromen und darauf, was sie bewirken können, ist diese Liste eine prima Möglichkeit, den eigenen Horizont zu erweitern.

PFLANZENMILCH

Pflanzenmilch gibt es in zahlreichen Varianten, aber ich verwende in der Regel Hafer- und Sojamilch in den Rezepten. Wo ich explizit ungesüßte Sojamilch angegeben habe, ist es wichtig, dass Sie sich daran halten, denn Pflanzenmilch verhält sich in Kombination mit anderen Zutaten nicht immer gleich. Sojamilch emulgiert z. B. besser mit Apfelessig als Hafermilch, daher nehme ich diese als Basis für eine Aioli, keine Hafermilch. Wo nur Pflanzenmilch angegeben ist, können Sie nehmen, was Sie im Haus haben.

MISOPASTE

Miso ist – wie ich bereits im Abschnitt zu Umami erklärt habe – einer der besten Umami-Geschmäcke, die man bekommen kann. Es handelt sich, kurz gesagt, um fermentierte Sojabohnen. Es gibt Miso in verschiedenen Varianten mit verschiedenen Aromen, helles Miso ist sehr mild, wohingegen dunklere Sorten einen kräftigeren Geschmack haben. Meist verwende ich helle Misopaste, die Sie im Asialaden oder Reformhaus erhalten. Miso-Gewürzpulver hat nichts mit Misopaste zu tun. Es handelt sich um gekörnte Brühe. Und die brauchen Sie hier nicht.

TOFU

Tofu basiert wie Miso auf Sojabohnen, die gekocht, abgeseiht, ausgepresst und gelagert werden. Es gibt einen großen Unterschied zwischen festem und Seidentofu. Sie sollten daher immer genau den Tofu verwenden, den ich im Rezept angegeben habe. Seidentofu hat eine puddingähnliche Konsistenz, während sich fester Tofu in Würfel schneiden und problemlos in der Pfanne braten lässt. Seidentofu steht meist im Regal mit den Trockenzutaten, während Sie festen Tofu im Kühlregal finden. In den meisten Supermärkten erhalten Sie beide Varianten.

NÄHRHEFE

Nährhefe ist eine inaktive Hefe. Sie besteht aus kleinen, gelben Flocken und ist eine der besten Quellen für pflanzenbasierten Umami-Geschmack. Für viele schmeckt sie ein wenig wie Käse. Noch dazu enthält sie viele gute Nährstoffe wie Vitamin B12. Sie hält sich lange, wenn sie trocken aufbewahrt wird, und Sie bekommen sie im Reformhaus.

KOMBU UND NORI

Kombu ist ein Seetang, der vor allem asiatischen Suppen und Brühen ein fantastisches Aroma verleiht. Sie können Kombu getrocknet in großen Flocken kaufen. Sie werden nicht mitgegessen und dürfen auch nicht kochen, sondern ziehen vorsichtig in der Brühe. Kombu ist vielleicht nicht überall erhältlich; wahrscheinlich müssen Sie dafür in einen Asiamarkt. Aber wenn Sie kein Kombu bekommen, können Sie es auch durch eine gute Gemüsebrühe oder einen Fond ersetzen.

Nori ist etwas dünnerer Seetang, und zwar die Variante, die Sie vom Sushi kennen. Sie bekommen Noriblätter in den meisten gut sortierten Supermärkten.

REISESSIG, APFELESSIG, BALSAMICO UND ANDERE ESSIGSORTEN

Essig ist für eine Ausgewogenheit des Geschmacks sehr wichtig. Und hier meine ich nicht den hellen Essig aus Großmutters Küche. Ich verwende viel Reisessig und Apfelessig. Sie schmecken sehr unterschiedlich und sollten nicht untereinander ausgetauscht werden. Balsamico ist ein konzentrierter Traubenessig und das i-Tüpfelchen auf einem leckeren Salat.

SRIRACHA

Sriracha ist des Genießers bester Freund: Die thailändische Chilisauce ist inzwischen weltweit verbreitet. Sie wird in allen möglichen Speisen verarbeitet, die einen angenehmen Chiligeschmack vertragen können. Sie finden die Sauce in der Regel im Supermarkt.

GETROCKNETE PILZE

Bei einigen Rezepten für Kraftbrühe verwende ich getrocknete Pilze. Und zwar deshalb, weil es sich um Geschmacksbomben ohne Gleichen handelt und weil Sie ein Glas davon lange im Schrank stehen lassen können, ohne dass die Pilze schlecht werden. Ich verarbeite getrocknete Shiitake- oder Steinpilze, und vor allem Letztere finden Sie zunehmend in Lebensmittelgeschäften. Für getrocknete Shiitakepilze müssen Sie vielleicht in einen Asiamarkt. Wenn Sie keine getrockneten bekommen, können Sie auch frische verarbeiten – dann nehmen Sie einfach etwas mehr.

AGAVENDICKSAFT UND AHORNSIRUP

Die Agave ist eine kaktusähnliche Pflanze, aus der Agavendicksaft gewonnen wird, und zwar auf die gleiche Art, wie Ahornsirup aus Ahornbäumen gewonnen wird. Beide lassen sich gut als Honig- oder Zuckerersatz verwenden. Sie sollten aber im Hinterkopf behalten, dass sie unterschiedlich schmecken und daher in verschiedenen Gerichten verarbeitet werden. Wo beide Varianten verwendet werden können, habe ich beide im Rezept angegeben.

MELASSE

Melasse ist ein Nebenprodukt aus der Zuckergewinnung. Sie ist braun und zähflüssig und hat ein intensives, sirupähnliches Aroma. Obwohl ein Nebenprodukt, enthält die Melasse Kalzium, Kalium und Eisen. Sie bekommen sie im Reformhaus.

TAHINI UND SESAMÖL

Tahini ist reine Sesambutter, und sie wird genauso hergestellt wie andere Nussbutter: durch Mahlen. Der Sesam verliert dabei recht viel Öl, und es entsteht eine dickflüssige, aromatische Masse, die ich persönlich sehr häufig verwende. Es gibt jedoch bei den verschiedenen Tahini-Sorten sehr große Geschmacksunterschiede. Ich verwende nur helle, sehr fein gemahlene Varianten. Die dunklen, gröberen finde ich zu bitter. Schauen Sie einmal bei Ihrem Gemüsehändler, die haben meist die besten.

Sesamöl ist Öl, das aus Sesam gewonnen wird. Man kann es zum Braten oder zur Intensivierung des Aromas benutzen. Auch wenn es sich anhört, als seien Tahini und Sesamöl das Gleiche, können die beiden Zutaten doch nicht untereinander ausgetauscht werden.

HOISIN-SAUCE

Hoisin-Sauce ist eine wunderbare Sauce, die in der chinesischen Küche häufig verwendet wird. Sie können sie selbst zubereiten. Wenn Sie darauf keine Lust haben (was völlig in Ordnung ist!), finden Sie Hoisin-Sauce in den meisten Supermärkten.

MIRIN

Mirin ist eine wichtige Komponente in der japanischen Küche: Eine Art Reiswein, in etwa wie Sake, doch mit einem geringeren Alkoholgehalt. Mirin fügt einem Gericht sowohl Süße als auch Säure hinzu – ein Geschmack, den viele z. B. von Teriyaki kennen. Wenn Sie Mirin nicht bekommen oder nicht besorgen möchten, können Sie ihn auch durch einen trockenen Sherry, trockenen Weißwein oder Reisessig ersetzen. Dann sollten Sie aber auch einen halben Teelöffel Zucker pro Esslöffel Flüssigkeit hinzufügen.

LIQUID SMOKE

Liquid Smoke ist genau das, wonach es sich anhört: flüssiges Raucharoma! Früher war es unmöglich, es zu bekommen, heute bekommt man es in vielen Supermärkten oder im Internet. Eine wunderbar aromatische Zutat, um ein Raucharoma zu erzeugen, das viele vermissen, wenn sie aufhören, Fleisch zu essen.

VEGANE WORCESTERSAUCE

Die meisten Worcestersaucen enthalten Anchovis (Fisch) und eignen sich daher nicht für Vegetarier oder Veganer. Aber es gibt vegane Varianten, und es ist eine der wichtigsten Zutaten für die Tomatenbohnen im Kapitel zum englischen Frühstück. Die Sauce ist auch bei Hausmannkost ein wichtiger Bestandteil. Wenn Sie sie ebenfalls mögen, sollten Sie sich also auf die Jagd machen. Man kann Worcestersauce auch selbst herstellen, Rezepte hierfür finden Sie im Internet.

KICHERERBSENMEHL

Kichererbsenmehl, das sind getrocknete, gemahlene Kichererbsen. Sie erhalten es in Reformhäusern und Supermärkten. Wie Kichererbsen ist auch das daraus gewonnene Mehl reich an Protein.

SUMACH UND GRANATAPFELSIRUP

Sumach ist möglicherweise das Gewürz, dessen Geschmack sich am schwierigsten beschreiben lässt, weil er so einzigartig ist. Sumach ist säuerlich, mit einer Zitrusnote, etwas süß ... und vor allem lecker. In diesem Buch wird Sumach im Meze-Kapitel verarbeitet. Leider bekommt man das Gewürz nicht überall. Mein Tipp: Versuchen Sie es bei Gemüsehändlern mit großem Gewürzregal oder im Internet.

Granatapfelsirup wird im selben Kapitel verwendet. Es handelt sich um reinen, konzentrierten Sirup aus Granatapfelkernen. Er ist so aromatisch, dass Sie es kaum glauben können! Wahrscheinlich erhalten Sie Granatapfelsirup dort, wo Sie auch Sumach finden. Werfen Sie aber einen Blick auf die Zutatenliste: Die erste dort aufgeführte Zutat sollte Granatapfel sein, nicht Zucker.

Und schließlich ...

SALZFLOCKEN

Die im Buch angegebenen Salzmengen beziehen sich auf Salzflocken – denn ein Teelöffel Salzflocken ist nicht das gleiche wie ein Teelöffel fein gemahlenes Salz. Außerdem finde ich, dass Salzflocken meist eine bessere Qualität haben, leichter zu verwenden sind und mehr Aroma haben. Ein gutes Salz ist von entscheidender Bedeutung für gutes Essen. Verwenden Sie also ein reines Salz – am besten Meersalz!

OLIVENÖL UND NEUTRALES ÖL

In meiner Küche kommen im Großen und Ganzen zwei Ölsorten zum Einsatz: Olivenöl extra vergine und ein neutrales Öl, z. B. Rapsöl. Sie sind sehr verschieden. Olivenöl ist viel aromatischer, lässt sich aber nicht so gut zum Braten verwenden – auch wenn es möglich ist, solange Sie es vorsichtig erhitzen. Rapsöl schmeckt neutral und verträgt Hitze besser. Manchmal verwende ich Kokosöl statt Rapsöl, wenn es vom Geschmack her passt, aber eigentlich brauchen Sie nur diese beiden Sorten.

ERST ANTIPASTI, DANN LASAGNE

Für die Abende, an denen es einfach
italienisches Essen sein muss.

ESSEN, BEI DEM ES NICHT SO SEHR UM DIE GESPRÄCHE GEHT

Ich liebe es, lange bei Tisch zu sitzen. Das wird Sie kaum überraschen, denn das ganze Buch, das Sie gerade in den Händen halten, handelt genau davon: Man sitzt stundenlang zusammen, mit Menschen, die man mag (oder manchmal nicht so sehr mag, denn das gehört ja auch zum Leben, und da ist es gut, wenn man leckeres Essen hat, auf das man sich konzentrieren kann), es gibt gute Gespräche, man lacht viel, die Gläser werden nachgefüllt, und man merkt kaum, dass es immer später wird. Ich liebe das.

Dem italienischen Sprichwort „Der Appetit kommt beim Essen" kann ich nur zustimmen.

In Italien dauern die Mahlzeiten traditionell recht lange und bestehen aus vielen, vielen Gängen: Zunächst ein „Aperitivo" vor dem Essen, vielleicht ein Glas Prickelndes, und ein paar Oliven, etwas zum Knabbern. Danach gibt es Antipasti, meist ein Holzbrett voller Brot, Wurst und Käse. Und dann folgen Primi (erster Gang), Secondi (zweiter Gang), Contorni (kleine Gerichte, die gleichzeitig serviert werden), Insalata (Salate), Formaggi e frutta (Käse und Obst), Dolce (Dessert), Caffe (Kaffee natürlich) – und zum Schluss gibt es einen „Digestivo", einen Limoncello oder Grappa, der dem Magen dabei hilft, all das Essen zu verdauen.

Ich denke: Mein Gott, muss ich die ganze Zeit in der Küche stehen? Ich möchte doch auch mal am Tisch sitzen!

Menschen, die nicht aus Italien stammen, könnten diese Mengen überfordern. So geht es mir jedenfalls. Ich denke: ‚Mein Gott, muss ich die ganze Zeit in der Küche stehen? Ich möchte doch auch mal am Tisch sitzen!' Daher lasse ich es lieber, auch wenn ich vielleicht den einen oder anderen Italiener damit beleidige. Aber bei mir gibt es eher ein wenig hiervon und davon, wir nehmen das, was wir mögen, und lassen das weg, was wir nicht mögen. Ganz einfach.

In diesem Kapitel bekommen Sie eines meiner Lieblingsgerichte vorgesetzt: nämlich eine Lasagne oder Cannelloni, wenn Sie sie bekommen, mit drei verschiedenen Füllungen gleichzeitig: einer roten Tomatensauce, einer grünen Spinat-Tofu-Mischung und einer weißen, klassischen Béchamelsauce oder Besciamella, wie sie auf Italienisch heißt. Natürlich gibt es auch eine Focaccia mit Kräuteröl, und falls Ihnen das noch nicht reicht, habe ich auch Bruschetta mit frischen Tomaten anzubieten. Zusammen mit Salat, Gemüse und Antipasti-Resten ergibt das einen wunderbaren ersten Teil der Mahlzeit.

Das Antipasti-Brett können Sie nach Belieben zusammenstellen, nach Ihrem Geschmack, nach dem, was Sie im Haus haben, doch ich empfehle ein paar verschiedene Olivensorten, einfaches gebackenes Gemüse, Olivenöl, Balsamico und Aioli zu nehmen und dazu ein paar Grissini oder Brot. Dazu habe ich blanchierte grüne Bohnen mit einem knusprigen Brot-Knoblauch-Topping, einen einfachen Salat mit klassischer Vinaigrette und in Streifen geschnittenen rohen Spargel mit Zitronensaft und Öl kombiniert. Der Spargel schmeckt am besten im Frühjahr, wenn er Saison hat. Außerhalb der Saison können Sie ihn gerne weglassen.

Bruschetta

Menge: Beilage für 4–6 Personen

SONNENGEREIFTE TOMATEN (SO ROT WIE MÖGLICH,
    AM BESTEN CHERRY- ODER PFLAUMENTOMATEN)
1 KNOBLAUCHZEHE
FRISCHES BASILIKUM
1 TL BALSAMICO
OLIVENÖL EXTRA VERGINE
SALZFLOCKEN UND PFEFFER
1 LANGES FRANZÖSISCHES BAGUETTE ODER LANDBROT

1. Wenn Sie sich besonders viel Mühe geben wollen, die
   Tomaten oben einschneiden und 1 Minute in kochendem
   Wasser blanchieren. Aus dem Wasser nehmen, abkühlen
   lassen, bis Sie sie anfassen können, und dann die Haut
   abziehen.
2. Tomaten halbieren oder vierteln, Kerne entfernen und
   Saft auspressen. Das Fruchtfleisch fein hacken. Knoblauch schälen und fein hacken, 1 Handvoll Basilikum-
   blätter ebenfalls fein hacken, beides mit Balsamico,
   1 TL Olivenöl, 1 Prise Salzflocken und frisch gemahlenem Pfeffer vermengen. Ziehen lassen.
3. Brot in dünne Scheiben schneiden, mit einer dünnen
   Schicht Olivenöl bepinseln und im Ofen 5–6 Minuten
   auf der obersten Schiene rösten, bis es an den Rändern
   goldbraun ist.
4. Das Brot aus dem Ofen nehmen und die Tomaten-
   mischung darauf verteilen. Vor dem Servieren mit zusätzlichem Basilikum, fein gehackt, und ein paar Salzflocken
   bestreuen.

Gebackenes Gemüse

Menge: Als Beilage 2 Handvoll Gemüse pro Person

GEMÜSE DER SAISON GANZ NACH GESCHMACK UND
    SAISON. ICH NEHME AM LIEBSTEN: BROKKOLI,
    KLEINE TOMATEN, KNOBLAUCH, PAPRIKA
OLIVENÖL EXTRA VERGINE
SALZFLOCKEN

1. Gemüse ggf. schälen, mit den Händen in Stücke zerteilen,
   bei härteren Sorten ein Messer zur Hilfe nehmen. Auf ein
   Backblech verteilen.
2. Mit Olivenöl beträufeln und mit einer Prise Salzflocken
   bestreuen.
3. Im Ofen 15–20 Minuten bei 200 °C backen, bis es weich
   und an den Rändern etwas knusprig ist. Beim Brokkoli
   kann es auch etwas schneller gehen, prüfen Sie das
   Gemüse zwischendurch.
4. Das Gemüse können Sie warm oder kalt servieren.

Einfacher grüner Salat mit Vinaigrette

Menge: Beilage für 4–6 Personen

500–750 G GRÜNER SALAT, AM BESTEN 2–3 VERSCHIEDENE
    SORTEN
2–3 KNOBLAUCHZEHEN
50 ML ROT- ODER WEISSWEINESSIG
1 TL DIJONSENF
2–3 EL FRISCHER OREGANO (ODER 1–2 TL GETROCKNETER)
150 ML OLIVENÖL EXTRA VERGINE
SALZFLOCKEN UND PFEFFER

1. Salat gründlich waschen und trockenschleudern,
   am besten in einer Salatschleuder. Wenn er etwas schlapp
   wirkt, lassen Sie ihn zunächst 10 Minuten in eiskaltem
   Wasser liegen.
2. Knoblauch schälen, fein hacken und mit Essig, Senf und
   Oregano vermengen. Mit einem kleinen Schneebesen
   oder einer Gabel verrühren, während Sie das Öl in einem
   dünnen Strahl hinzugießen, bis alles gut vermischt ist.
3. Mit Salzflocken und Pfeffer abschmecken.

Aioli

200 ML UNGESÜSSTE SOJAMILCH
2 TL APFELESSIG
2 EL FRISCH GEPRESSTER ZITRONENSAFT
4 KNOBLAUCHZEHEN
1 EL DIJONSENF
300–500 ML NEUTRALES ÖL (RAPS- ODER
    SONNENBLUMENKERNÖL)
1 TL SALZFLOCKEN

1. Es ist wichtig, dass Sie ungesüßte Sojamilch verwenden.
   Bei Aioli arbeite ich mit einem Pürierstab in einem
   hohen, schmalen Gefäß. Dieses sollte nicht zu klein sein,
   denn die Aioli nimmt an Volumen zu.
2. Apfelessig und frisch gepressten Zitronensaft mit Sojamilch verrühren, ziehen und andicken lassen.
3. Knoblauchzehen schälen und reiben. Knoblauch und
   Dijonsenf zur Flüssigkeit geben.
4. Die Aioli-Basis mit einem Pürierstab vorsichtig auf der
   niedrigsten Stufe mixen. Nach und nach das Öl in einem
   dünnen Strahl hinzufügen und weiter mixen. Je mehr Öl
   Sie hinzufügen, desto dicker wird die Aioli. Das ist dieser
   fantastische Prozess, der Emulgieren genannt wird. Wenn
   Ihnen die Konsistenz gefällt, gießen Sie einfach kein
   weiteres Öl mehr nach.
5. Mit Salzflocken und eventuell weiterem Zitronensaft
   abschmecken.

Spargelsalat

Menge: Beilage für 4–6 Personen

> 1 BUND GRÜNER SPARGEL
> SAFT VON 1 FRISCHER ZITRONE
> 1 EL OLIVENÖL EXTRA VERGINE
> SALZFLOCKEN UND PFEFFER

1. Spargel waschen und den holzigen Teil der Stangen abbrechen. Er wird von allein an der richtigen Stelle brechen, wenn Sie ihn biegen.
2. Mit einem scharfen Gemüseschäler oder einem Messer den Spargel in gleichmäßig dünne, lange Scheiben schneiden und in eine Schüssel füllen oder auf einer Platte anrichten.
3. Mit Zitronensaft und Olivenöl beträufeln, zwischendurch immer wieder abschmecken. Mit Salz und Pfeffer ebenso verfahren.

Focaccia mit Kräuteröl

Menge: 1 kleines Blech

Teig

> 400–460 G WEIZENMEHL
> 1 GEHÄUFTER TL TROCKENHEFE
> 1 TL SALZFLOCKEN
> 1 TL ZUCKER
> 350 ML HANDWARMES WASSER

Kräuteröl

> 2–3 EL OLIVENÖL EXTRA VERGINE + ETWAS ZUM
>   BEPINSELN DES TEIGS
> 1–2 HANDVOLL FRISCHE KRÄUTER (BASILIKUM,
>   ROSMARIN, THYMIAN, PETERSILIE)
> 1 KNOBLAUCHZEHE
> MEERSALZ ZUM BESTREUEN

1. Alle Zutaten für den Teig in einer Küchenmaschine vermengen und durchkneten. Zunächst nur 400 g Weizenmehl verarbeiten, sodass ein klebriger Teig entsteht. Dann nach und nach weiteres Mehl in kleinen Mengen hinzufügen, bis der Teig nicht mehr an der Schüssel klebt. 10 Minuten durchkneten.
2. Teig zu einer Kugel formen, mit Olivenöl einpinseln. Unter einem Küchenhandtuch 1 Stunde gehen lassen.
3. Ein kleines tiefes Backblech oder eine ofenfeste Form mit Backpapier auskleiden, den Boden mit Olivenöl einpinseln.
4. Teig auf das Backblech geben und mit den Händen in der Form verteilen und in die Ecken drücken. Wieder mit dem Handtuch bedeckt 40–50 Minuten gehen lassen.
5. Für das Kräuteröl in einem Mixer, Mörser oder einer Küchenmaschine Olivenöl, frische Kräuter und geschälten Knoblauch zu einem Kräuteröl verarbeiten.
6. Wenn der Teig genügend gegangen ist, mit den Fingern an einigen Stellen Löcher in den Teig stechen und das Ganze mit dem Kräuteröl bepinseln. Mit reichlich Meersalz bestreuen.
7. Die Focaccia auf mittlerer Schiene im Ofen bei 225 °C ca. 30 Minuten backen. Auf einem Rost abkühlen lassen.

Grüne Bohnen mit Knoblauchkruste

Menge: Beilage für 4–6 Personen

> 400 G GRÜNE BOHNEN (EVTL. SPARGELBOHNEN)
> 3 KNOBLAUCHZEHEN
> 2 EL OLIVENÖL EXTRA VERGINE
> SALZFLOCKEN UND PFEFFER
> 120 G PANIERMEHL
> 1 HANDVOLL BASILIKUM, FEIN GEHACKT

1. Zunächst die Bohnen kochen oder dämpfen. Dafür Wasser aufkochen, die Bohnen darin 1 Minute kochen und sofort herausnehmen. Sie können sie auch dämpfen, bis sie weich sind.
2. Knoblauch schälen und fein hacken. Olivenöl, frisch gemahlenen Pfeffer und Knoblauch in einer Pfanne erhitzen, bis der Knoblauch zu duften anfängt. Aufpassen, dass er nicht anbrennt.
3. Paniermehl und eine reichliche Prise Salzflocken hinzufügen und im Öl goldgelb und knusprig braten.
4. Bohnen in die Pfanne geben und alles gründlich vermengen. Zum Schluss mit fein gehacktem Basilikum bestreuen.

Antipasti (gekauft)

> GRÜNE, GROSSE OLIVEN
> SONNENGETROCKNETE TOMATEN
> GUTES OLIVENÖL EXTRA VERGINE
> BALSAMICO
> ARTISCHOCKENHERZEN AUS DEM GLAS
> GRISSINI, BROTSTICKS, BAGUETTE IN SCHEIBEN ODER
>   LANDBROT (AM BESTEN GERÖSTET)

Dreifarbige Lasagne

Menge: Hauptgericht für 4 Personen
(6, wenn es Beilagen gibt)

9–12 LASAGNEPLATTEN
1 PORTION TOMATENSAUCE
1 PORTION SPINATFÜLLUNG
1 PORTION BÉCHAMELSAUCE

Tomatensauce

2 GELBE ZWIEBELN
1 KLEINE STANGE PORREE
2 EL OLIVENÖL EXTRA VERGINE
1 TL SALZFLOCKEN
5–6 KNOBLAUCHZEHEN
½ TL CHILIFLOCKEN ODER CHILIPULVER
2 DOSEN GEHACKTE TOMATEN
2 EL BALSAMICO

1. Geschälte Zwiebeln und Porree fein hacken und bei mittlerer Hitze in Olivenöl und einer Prise Salzflocken anschwitzen, bis sie weich sind.
2. Knoblauch schälen, fein hacken und mit Chiliflocken unter die Zwiebel-Porree-Mischung rühren.
3. Tomaten und Balsamico hinzufügen, die Sauce aufkochen lassen. Sie kann gut 15–20 Minuten kochen, kürzer oder länger ist aber auch kein Problem.
4. Wenn Sie eine glatte Sauce bevorzugen, pürieren Sie sie mit einem Pürierstab direkt im Topf. Alternativ in einen Mixer oder eine Küchenmaschine geben.

Grüne Füllung

50 G UNGESALZENE CASHEWKERNE
CA. 200 G SPINAT
200–300 G PILZE (BRAUNE CHAMPIGNONS, PORTOBELLO)
2 EL HELLE MISOPASTE
2 TL SALZFLOCKEN
4 EL NÄHRHEFE
2 KNOBLAUCHZEHEN
2 HANDVOLL FRISCHES BASILIKUM
2 EL OLIVENÖL EXTRA VERGINE
220 G FESTER TOFU

1. Zunächst Cashewkerne ½ Stunde in kochend heißem Wasser einlegen. Eventuell 10 Minuten kochen.
2. Spinat dämpfen oder ein paar Minuten in kochendem Wasser ziehen lassen, dann herausnehmen, abschrecken und grob hacken.
3. Pilze grob hacken, in eine trockene Pfanne geben und die Pilze „anschwitzen", bis sie Flüssigkeit verloren haben, geschrumpft und an den Rändern goldbraun sind.
4. Cashewkerne, Misopaste, Salz, Nährhefe, geschälten Knoblauch, Basilikum und Olivenöl in einem Mixer zu einer glatten Masse pürieren.
5. Tofu hinzufügen und weitermixen. Danach Pilze und Spinat hinzufügen und kurz mixen, sodass die Zutaten verkleinert, dabei aber nicht mehr fein püriert werden.

Béchamelsauce

100 ML OLIVENÖL EXTRA VERGINE
100 G WEIZENMEHL
1 L UNGESÜßTE SOJAMILCH
2–3 EL NÄHRHEFE
SALZFLOCKEN UND PFEFFER

1. Olivenöl in einen Topf mit dickem Boden und großem Durchmesser geben, bei mittlerer Hitze 1 Minute erhitzen. Es darf nicht rauchen.
2. Weizenmehl in das Öl einrühren. Unter Rühren ein paar Minuten sprudeln lassen.
3. Mit Sojamilch aufgießen, immer nur ein paar 100 ml auf einmal, dabei weiterrühren. Köcheln lassen, bis die Sauce glatt und dickflüssig ist.
4. Nährhefe hinzufügen. Mit Salz und Pfeffer abschmecken.

Um eine Lasagne zu schichten, zunächst den Boden der Form mit einer dünnen Lage Tomatensauce füllen. Mit einem Buttermesser die Lasagneplatten mit der grünen Füllung bestreichen, mit der bestrichenen Seite nach oben in die Form legen. Darauf die Béchamelsauce und anschließend die Tomatensauce verteilen. Weiter Füllung auf Lasagneplatten, Béchamelsauce und Tomatensauce schichten. Achten Sie darauf, am Ende genug Béchamelsauce übrig zu haben, um damit die Lasagne abzuschließen.

Wenn Sie lieber Cannelloni zubereiten möchten, die grüne Füllung in einen Gefrier- oder Spritzbeutel füllen und die Nudeln damit füllen (sie müssen nicht bis an den Rand voll sein). In eine feuerfeste Form die Hälfte der Tomatensauce füllen, darauf die gefüllten Cannelloni geben und diese mit Tomatensauce bedecken, bevor Sie schließlich die Béchamelsauce darüber verteilen.

Bei 200 °C im Ofen ca. 30–45 Minuten backen, bis die Lasagne/die Cannelloni oben goldbraun und knusprig sind und Sie sehen können, dass die Sauce an den Rändern Blasen wirft.

Vorbereiten?

Wenn Sie früh aus der Küche kommen wollen, egal ob es ein Abendessen am Wochentag (gibt es einen größeren Luxus als eine Lasagne unter der Woche? Ich glaube nicht!) oder ein Abend mit Freunden ist, können Sie sich vorher um folgende Dinge kümmern:

1. Sowohl die Tomatensauce als auch die Spinatfüllung lassen sich vorbereiten, ebenso wie die Béchamelsauce, die aber aufgewärmt und leicht aufgeschlagen werden sollte, bevor sie verwendet wird. Eigentlich können Sie die ganze Lasagne vorher vorbereiten, denn es ist kein Geheimnis, dass eine Lasagne am zweiten Tag noch besser schmeckt. Reste können Sie gut einfrieren.
2. Den Focacciateig sollten Sie vorbereiten, denn er muss insgesamt zwei Stunden oder mehr gehen.
3. Das Dressing für den Salat können Sie vorher zusammenrühren und in einem luftdichten Glas kalt stellen.
4. Viele Dinge für das Antipasti-Brett können Sie ganz einfach kaufen oder von Ihren Gästen mitbringen lassen.

Gemeinsam zubereiten?

Wenn Sie einen italienischen Kochabend planen, empfehle ich folgende Reihenfolge:

1. Den Focacciateig morgens am gleichen Tag vorbereiten. Er muss insgesamt 2 Stunden gehen und 40 Minuten backen.
2. Zunächst die Füllungen für die Lasagne zubereiten, sie besteht aus 3 Teilen, und die Arbeitsschritte für die Lagen können unter mehreren Personen aufgeteilt werden.
3. Das Dressing für den Salat zubereiten und kalt stellen.
4. Die fertigen Zutaten für das Antipasti-Brett bereitstellen und dann mit den anderen Komponenten beginnen.
5. Grüne Bohnen und Spargel benötigen so wenig Zubereitungszeit, dass man sich darum kümmern kann, kurz bevor sich alle zu Tisch begeben.
6. Ich empfehle, zunächst Antipasti, Focaccia und Salat zu servieren und die Lasagne in den Ofen zu stellen, wenn Sie die Focaccia herausnehmen. Dann haben Sie genug Zeit, um zu reden, zu essen und zu kosten, während die Lasagne im Ofen ist. Lassen Sie die anderen Leckereien ruhig stehen, wenn die Lasagne auf den Tisch kommt. Sie eignen sich auch als Beilagen.
7. Früchte können Sie entweder mit den Antipasti servieren oder als Dessert zum Schluss, mit Kaffee und Keksen.

SUSHIFEST

Keine Angst:
Sie müssen nicht stundenlang in der Küche stehen
und Makis rollen.

WERFEN SIE ALLE REGELN ÜBER BORD – SIE ENTSCHEIDEN!

Sushi gehört zu den leckersten Speisen der Welt – und zu den Dingen, deren Zubereitung am wenigsten Spaß macht. Das Rollen dauert ewig – so fühlt es sich jedenfalls an. Außerdem muss ich mich vorher entscheiden, auf welche Geschmackskombinationen ich Lust habe. Schwierig! Ganz einfach ist es jedoch, Sushi für eine Do-it-yourself-Party zu machen. Wer rollen mag, darf rollen, wer einen Sushisalat ausprobieren möchte, kann das machen – und diejenigen, denen es so geht wie mir, füllen den Teller mit vielen Leckereien, legen kleine Noriblätter in die Handfläche und befüllen kleine Röllchen, die sofort im Mund verschwinden. Jeder so, wie er mag!

❞ Das Rollen dauert ewig – so fühlt es sich jedenfalls an.

Sushi funktioniert so ähnlich wie Tacos. Nicht, was den Geschmack angeht, aber es handelt sich um Essen, das sich immer wieder variieren lässt und bei dem man nach Herzenslust ausprobieren und mixen kann. In diesem Kapitel finden Sie panierten Tofu und gebratene Pilze mit Ingwer und Sesam, aber auch selbst eingelegten Ingwer und Dipsaucen. Außerdem eine Reihe von Tipps für Gemüse (und Früchte!), die sich gut im Sushi verarbeiten lassen, und eine Misosuppe mit Spinat und Tofu als Vorspeise. Das gebratene Gemüse liefert massenhaft Umami, genauso wie die Pilze und die Sojasauce, daher sollten Sie einen dieser Vorschläge auf jeden Fall ausprobieren – oder Sie schlagen richtig zu und lassen nichts aus. Es dauert nicht so lange, wie Sie vielleicht meinen, vor allem, wenn sich mehrere Personen ums Essen kümmern. Diese Sushi-Variante eignet sich nämlich ganz hervorragend, um zusammen zu kochen – und zu essen.

Misosuppe mit Spinat und Tofu

Dashi (Brühe)

- 1 L WASSER
- 1 DICKE SCHEIBE INGWER
- 2–3 GETROCKNETE SHIITAKE- ODER ANDERE GETROCKNETE PILZE
- 1 GROSSES BLATT GETROCKNETER KOMBU (ERSATZWEISE 1 EL GEKÖRNTE GEMÜSEBRÜHE)
- 3 EL WEISSE MISOPASTE (GGF. ROTE ODER BRAUNE)
- TAMARI/SOJASAUCE
- FRISCH GEPRESSTER LIMETTENSAFT

- 2 GROSSE HANDVOLL SPINAT
- 1 FRÜHLINGSZWIEBEL
- 250 G FESTER TOFU
- 2 EL WEISSER SESAM

1. Wasser aufkochen, dann die Hitze reduzieren, bis es nur noch dampft und nicht mehr kocht. Kombu und Miso dürfen nicht kochen, sonst werden sie bitter und bekommen eine leicht schleimige Konsistenz. Achten Sie also darauf, dass das Wasser unter dem Siedepunkt bleibt.
2. Ingwer, getrocknete Pilze und Kombu hinzufügen und den Deckel auflegen. Ziehen lassen, während Sie den Rest vorbereiten.
3. Spinat und Frühlingszwiebel gründlich abspülen, in dünne Streifen schneiden und auf die Suppenschüsseln verteilen. Tofu fein würfeln, ebenfalls in die Schüsseln geben.
4. Aus der Brühe Ingwer und Kombu herausnehmen und mit einem Messbecher ein paar Deziliter Brühe abfüllen. Darin die Misopaste auflösen, bis es keine Klumpen mehr gibt, dann die Mischung zurück in den Topf geben. Es sieht so auch, als würde die Brühe sich trennen – und das soll auch so sein.
5. Danach mit Tamari/Sojasauce und Limettensaft abschmecken. Wenn Sie weiße Misopaste verwenden, die recht süß ist, brauchen Sie vielleicht 1–2 EL Sojasauce, um die Süße auszubalancieren. Ich nehme meist etwa 2 EL Tamari und den Saft von ¼ Limette, aber es kommt darauf an, wie kräftig Sie die Brühe mögen.
6. Die Brühe über das Gemüse in die Suppenschüsseln gießen, zum Schluss mit etwas Sesam bestreuen.

Sushi-Reis

Menge: Das Rezept reicht für ca. 2 Portionen. Bei Bedarf verdoppeln.

- 250 G SUSHI-REIS
- 350 ML WASSER
- 5 EL REISESSIG
- 1 TL SALZFLOCKEN
- 1 TL ZUCKER

1. Folgen Sie der Packungsanleitung. Ich nehme in der Regel 250 g Sushi-Reis auf 350 ml Wasser für 2 Portionen.
2. Der Sushi-Reis muss zunächst unter fließendem kaltem Wasser abgespült werden, bis das Wasser ganz klar ist und nicht mehr weiß. Am besten nehmen Sie ein Sieb und bewegen den Reis mit der Hand, während Sie spülen.
3. Dann Reis und Wasser in einen Topf geben. Aufkochen lassen, und wenn das Wasser kocht, die Hitze auf eine niedrige Stufe reduzieren (bei mir 2 von 9). Den Topf mit einem Küchenhandtuch abdecken und darauf den Deckel legen. Den Reis 10 Minuten kochen lassen.
4. Nach 10 Minuten den Herd abschalten und den Topf vom Herd nehmen. Weiterhin zugedeckt 15 Minuten ziehen lassen.
5. In der Zwischenzeit die Marinade zubereiten: Reisessig mit Salzflocken und Zucker aufkochen. Umrühren, bis Salz und Zucker sich aufgelöst haben.
6. Jetzt kommt der entscheidende Schritt. Eine große, weite Schale mit niedrigem Rand bereitstellen. Ich habe ein paar Salatschüsseln, die sich hierfür eignen. Reis in die Schüssel füllen und mit einem Kochlöffel (er sollte keine abgerundeten Kanten haben) auflockern. Dies erreichen Sie, indem Sie gerade Linien ziehen, zunächst horizontal, dann vertikal, jeweils mit 5–6 cm Abstand.
Die Marinade direkt zu Beginn angießen, aber in drei Portionen über einen Zeitraum von 30 Sekunden verteilt. Den Kochlöffel weiter durch den Reis ziehen, bis er gut abgekühlt ist und sich anfassen lässt. Wenn Sie in der Küche Hilfe haben, kann diese gerne mit einer Zeitung über dem Reis wedeln – es geht schließlich darum, den Reis so schnell wie möglich abzukühlen, um die beste Konsistenz zu erreichen.

Panierter Tofu aus dem Ofen

Menge: 10–12 Stück

- 200 G FESTER TOFU
- 1 EL SESAMÖL
- 2 EL NEUTRALES ÖL + ETWAS ZUM BEPINSELN
- CA. 60 G PANKO ODER PANIERMEHL
- ½ TL SALZFLOCKEN
- 1 EL SHICHIMI TOGARASHI (NACH GESCHMACK, SIEHE REZEPT S. 50)

1. Tofu in ½ cm dicke Scheiben schneiden, entweder in lange „Stäbchen" oder in kleinere Rechtecke.
2. In einer flachen Schale Sesamöl und neutrales Öl mischen, in einer andere Panko mit Salzflocken. Wenn Sie die Gewürzmischung Shichimi togarashi verwenden möchten, mischen Sie sie ebenfalls mit dem Panko.
3. Die Tofustücke nacheinander erst im Öl, dann im Panko wälzen.
4. Auf ein mit Backpapier ausgelegtes und mit Öl bepinseltes Backblech legen. Die Stücke auf der Oberseite erneut mit Öl bepinseln.
5. Bei 200 °C auf mittlerer Schiene (am besten Umluft) backen. Nach 10 Minuten wenden.
6. Die Tofustücke sind fertig, wenn sie auf beiden Seiten goldbraun sind.
7. Man kann sie auch in der Pfanne braten. Dafür bei mittlerer Hitze eine dünne Schicht Öl erhitzen und den Tofu darin goldbraun braten.

Seitlinge mit Knoblauch und Sesam

Menge: ca. 2–3 Handvoll zubereitete Pilze

- 2 EL SOJASAUCE
- 1 EL SESAMÖL
- 1 EL SRIRACHA ODER CHILIÖL
- 2 KNOBLAUCHZEHEN
- 2 DAUMENGROSSE STÜCKE INGWER
- 6 EL WASSER
- 5–6 HANDVOLL SEITLINGE
- NEUTRALES ÖL ZUM BRATEN

1. Sojasauce, Sesamöl, Sriracha, geriebenen Knoblauch und geriebenen Ingwer in einer kleinen Schüssel vermengen. Mit ein paar EL Wasser verrühren.
2. Pilze von Hand in lange Streifen rupfen.
3. In einer Pfanne neutrales Öl erhitzen und die Pilze darin ca. 6–7 Minuten braten, bis sie an den Rändern goldbraun sind.

4. Die Sauce angießen und unter Rühren einkochen lassen. Die Pilze weitere 2–3 Minuten braten, nachdem die Sauce eingekocht ist.

Gebratenes Gemüse: Paprika und grüner Spargel

Menge: ca. 4 Portionen

- 2 PAPRIKASCHOTEN (VERSCHIEDENE FARBEN)
- 8–12 STANGEN GRÜNER SPARGEL
- 2 EL NEUTRALES ÖL
- 1 TL SALZFLOCKEN
- 1 EL SHICHIMI TOGARASHI (NACH GESCHMACK, SIEHE REZEPT S. 50)

1. Gemüse gründlich waschen.
2. Paprikaschoten halbieren, Kerngehäuse entfernen und die Hälften in dünne Scheiben schneiden.
3. Bei den Spargelstangen die holzigen Enden abbrechen und die Stangen längs halbieren.
4. In einer Pfanne 1 EL neutrales Öl erhitzen.
5. Im Öl zunächst Paprika 5–6 Minuten braten, bis sie weich ist. Auf einen Teller legen und zur Seite stellen.
6. Noch 1 EL Öl in die Pfanne geben und darin den Spargel kurz braten, dabei mehrmals wenden.
7. Nach 3–4 Minuten ist der Spargel fertig. Auf den Teller zu den Paprikastreifen geben und mit Salzflocken und Shichimi togarashi bestreuen.

Gebratene Edamame mit Chilisalz

Menge: Snacks für 4–5 Personen

- 1 TL GROBES SALZ
- 1 BEUTEL UNGESCHÄLTE TK-EDAMAME-BOHNEN
- 2 EL NEUTRALES ÖL
- EVTL. ½ TL CHILIFLOCKEN ODER 1 EL SHICHIMI TOGARASHI (SIEHE REZEPT S. 50)

1. In einem Topf Wasser und eine Prise Salz erhitzen, darin die tiefgekühlten Bohnen 5 Minuten kochen. Das Wasser abgießen.
2. In einer Pfanne bei starker Hitze neutrales Öl erhitzen und die Bohnen hineingeben.
3. Beim Braten die Pfanne häufig schütteln und die Bohnen regelmäßig wenden.
4. In eine Schüssel umfüllen, mit Salz und ggf. Chili oder Shichimi togarashi bestreuen.
5. Heiß servieren!

Shichimi togarashi

Menge: ca. 70 g fertige Mischung

SCHALE VON 1 ORANGE

1 EL SANSHO-PFEFFER (ERSATZWEISE EVTL. ½ EL
    SCHWARZE PFEFFERKÖRNER)

½ EL SHICHIMI-TOGARACHI-CHILI (ERSATZWEISE
    EVTL. ROTE CHILIFLOCKEN)

1 EL (¼ BLATT) NORI

1 EL SCHWARZER SESAM

1 EL WEIßER SESAM

1 GROßE KNOBLAUCHZEHE

1. Perfekt wäre es, wenn Sie japanische Gewürze bekommen (Pfeffer und Chili), aber es geht auch mit schwarzen Pfefferkörnern und roten Chiliflocken.
2. Die Schale einer Orange mit einem scharfen Messer oder einem Gemüseschäler dünn schälen oder abschneiden (passen Sie auf, dass Sie nicht das Weiße erwischen, sonst wird die Gewürzmischung bitter). In dünne Streifen schneiden und auf Backpapier legen.
3. Ofen auf 150 °C (Umluft) vorheizen und die Orangenschale darin 10–15 Minuten trocknen, während die Ofentür einen Spalt offen ist. Am besten klemmen Sie einen Holzlöffel ein (Dabei gut aufpassen: Die Schalen sollen trocknen, nicht braten).
4. Knoblauch schälen. Alle Zutaten in einen Mörser oder Mixer geben und zu einer groben Gewürzmischung zerkleinern. Sie sollte nicht fein wie Mehl werden, aber der Sesam sollte deutlich zerkleinert sein.
5. In einem Glas trocken aufbewahren, am besten im Kühlschrank.

Eingelegter Ingwer

Menge: ca. 300 ml im Glas

1 GROßES STÜCK INGWER

100 G ZUCKER

150 ML REISESSIG

150 ML WASSER

1 EL SALZFLOCKEN

1. Ingwer schälen (ist er sehr frisch, können Sie die Schale mit einem Löffel abschaben. Bei etwas älterem Ingwer geht es mit einem Messer einfacher). Am besten das größte Stück kaufen, das Sie finden können.
2. In möglichst dünne Scheiben schneiden, am besten auf einer Mandolinenreibe.
3. Zucker, Reisessig, Wasser und Salz in einem Topf mischen und aufkochen lassen. Dann 10 Minuten abkühlen lassen.
4. Ingwerscheiben in ein sauberes, steriles Glas füllen, mit dem Zucker-Essig-Sud begießen und das Glas verschließen.
5. Mindestens einen Tag ziehen lassen. Am besten schmeckt der Ingwer nach 3–4 Tagen.

Soja-Zitrus-Dressing mit Sesam

Menge: nach Belieben

1 TEIL FRISCH GEPRESSTER ZITRONENSAFT

1 TEIL SOJASAUCE

1–2 TL GERÖSTETER SESAM

Zitronensaft und Sojasauce mischen. Mit geröstetem Sesam bestreuen.

Chili-Mayo

Menge: ca. 400 ml fertiges Dressing

200 ML UNGESÜßTE SOJAMILCH
2 TL APFELESSIG
2 EL FRISCH GEPRESSTER ZITRONENSAFT
300–500 ML NEUTRALES ÖL (RAPS- ODER
    SONNENBLUMENÖL)
1 TL MALDONSALZ
SRIRACHA, NACH GESCHMACK

1. In einer Schüssel mit hohem Rand Sojamilch, Essig und Zitronensaft mischen, dann 4–5 Minuten andicken lassen. Die Mischung mit einem Pürierstab kurz mixen. Hier dient die Sojamilch als Emulgator, zusammen mit Essig und Zitronensaft.
2. Während der Pürierstab läuft, das Öl in einem dünnen Strahl dazugießen. Je mehr Öl Sie verwenden, desto dicker wird die Mayonnaise. Bis zur gewünschten Konsistenz mixen.
3. Zum Schluss Salz und Sriracha unterrühren, die Mengen nach Geschmack anpassen.
4. Mayonnaise in einem luftdicht verschließbaren Glas im Kühlschrank aufbewahren. Sie hält sich bis zu zwei Wochen.

Beilagen

Zusätzlich zu all dem, was einen Ofen, eine Pfanne oder Rühren erfordert, geht es bei Sushi meiner Meinung nach vor allem auch um all das, was frisch gegessen wird, also geschnitten werden muss. Je dünner die Scheiben und Streifen, desto besser! Wenn Sie eine Mandolinen- oder Juliennereibe haben, ist es jetzt Zeit, sie hervorzuholen. Sonst müssen Sie nun die Messer schärfen und auf Ihre Finger aufpassen. Und Geduld mitbringen. Rechnen Sie 2–3 reichliche Hände voll Beilagen pro Person.

1. Gurken sind gesund. Längs halbieren, mit einem Teelöffel das Kerngehäuse herauskratzen und den festen Teil in dünne Streifen schneiden.
2. Möhren schmecken auch im Sushi lecker. Aber dann müssen es wirklich dünne Streifen sein.
3. Frühlingszwiebeln sind ein Muss, entweder fein gehackt oder ebenfalls in Streifen geschnitten.
4. Manche finden, Rucola würde auch gut zu Sushi passen!
5. In dünne Scheiben geschnittene Mango passt ganz prima zu den salzigen Pilzen.
6. Das i-Tüpfelchen: fein gewürfelte Erdbeeren.
7. Bei mir gehört auch Avocado dazu, in dünne Scheiben geschnitten.
8. Sojasauce, Wasabi, gerösteten Sesam und Nori-Blätter brauchen Sie natürlich auch.

Vorbereiten?

Es ist richtig, dass die meisten Komponenten bei einem Sushi-Gericht am besten ganz frisch sein sollten. Das bedeutet aber nicht, dass man nichts vorbereiten kann!

1. Wenn Sie den Ingwer selbst einlegen möchten, sollten – und können – Sie dies 1–3 Tage bevor er verzehrt werden soll tun.
2. Die Gewürzmischung Shichimi togarashi kann vorher zubereitet und im Kühlschrank aufbewahrt werden.
3. Auch die Chili-Mayo können Sie gut vorbereiten.

Gemeinsam zubereiten?

Sushi gemeinsam zuzubereiten macht wirklich Spaß und geht ganz leicht!

1. Wenn Sie den Ingwer am gleichen Tag einlegen möchten, an dem er verzehrt werden soll, dann diesen am besten als Erstes zubereiten. Das gilt auch für die Gewürzmischung.
2. Die einzigen Bestandteile, die heiß sein müssen, sind meiner Meinung nach die Pilze, die frisch gebraten sein sollten, und der Tofu, der aus dem Ofen am besten direkt auf den Tisch kommen sollte. Versuchen Sie, diese beiden Gerichte so zu koordinieren, dass sie ganz zum Schluss fertig werden.
3. Den Sushi-Reis kann man sowohl warm als auch bei Zimmertemperatur essen. So oder so dauert die Zubereitung recht lang, daher sollten Sie damit früh anfangen.
4. Bei den meisten Aufgaben handelt es sich ganz einfach um das Schnippeln von Gemüse – das, was kalt gegessen werden soll, und das, was in den Ofen oder in die Pfanne kommt. Mit anderen Worten: Holen Sie Schäler und Messer für alle hervor!
5. Ich serviere gerne alles in getrennten Schälchen, damit meine Gäste sich zusammensetzen und ihr Essen während der Mahlzeit auf dem eigenen Teller zusammenstellen können. Daher stelle ich auch Nori-Blätter in verschiedenen Größen bereit, und jeder bekommt je ein Schälchen mit Wasabi und eins mit Sojasauce.

PHỎ!

Auch bekannt als:
die einzige Suppe, die Sie in Ihrem Leben wirklich brauchen.

DIE JAGD NACH DER VERSCHWUNDENEN SUPPE

Wie wahrscheinlich bei jedem schon einmal gab es auch bei mir ein Jahr, in dem ich weder ein noch aus wusste. Ich schrieb an meiner Masterarbeit und flüchtete (ja, flüchtete!) von Oslo an die Helgeland-Küste im Norden, um sie dort abzuschließen. Als ich fertig war, packte ich all meinen Besitz bis auf Bücher und Schallplatten ein und zog nach Berlin. Ganz ohne Ziel und mit nicht mehr als meinem Ersparten, von dem ich nicht sicher wusste, wie lange es reichen würde. Eigentlich hatte ich nur einen Plan: Ich wollte lernen, einen Plan zu haben. Schließlich beschäftigte ich mich vor allem mit vier Dingen: Ich fuhr Rad, ich las Bücher, ich trank Kaffee und aß Phó. Und dabei traf ich Øystein, den ich fünf Jahre später heiratete. Doch das ist eine andere – und längere – Geschichte. Zufälle, das ganze Leben besteht aus Zufällen.

❝ Zufälle, das ganze Leben besteht aus Zufällen.

Eines der Dinge, die ich am häufigsten machte, war, durch die Stadt zu radeln, um Phó zu essen. Es gibt viele vietnamesische Restaurants in Berlin, und ich hatte (und habe!) einen eindeutigen Favoriten. Ich esse dort immer das Gleiche: eine leckere, pflanzenbasierte Brühe mit Reisnudeln, Tofu, Gemüse, und dazu eine große Schüssel voller Sprossen, Kräuter, Limetten, Saucen und Chili. Traditionell wird Phó mit einer Fleischbrühe hergestellt, daher fühlte ich mich wie im Himmel, als ich diese gemüsebasierte entdeckte.

Ich möchte nicht behaupten, dass diese Variante genauso schmeckt, doch sie erinnert mich dennoch an das Jahr in Berlin, an Radfahren, Suppenschüsseln, an die sechste Etage ohne Aufzug, 20 Grad Minus in einer im Eis erstarrten Stadt ohne besonders gut isolierte Häuser, und nicht zuletzt daran, wie ich am 7. Januar am Stadtplatz Südstern stand und auf ihn wartete – ihn, der einmal mein Ehemann werden würde.

PHỞ RICHTIG ZUBEREITEN, SERVIEREN UND ESSEN

Das Wichtigste in diesem Kapitel (neben der Liebe) ist die Brühe – und es ist mir sehr ernst damit. Ohne eine gute Brühe, die lange auf dem Herd stand, ist dieses Rezept nicht das Gleiche. Hier wird Gemüse angeschwitzt und gekocht, hier werden ein paar aromatische Gewürze in einer trockenen Pfanne geröstet, bevor sie in den Topf dürfen, und die Brühe wird sicher keiner gekauften Variante gleichen, die aus dem Glas oder in Würfeln daherkommt. Der Vorteil einer selbstgekochten Brühe ist, dass sie sich im Großen und Ganzen selbst zubereitet, wenn man sie erstmal aufgesetzt hat. Meist koche ich sie, wenn ich mich schon einmal an die Arbeit mache, in meinem größten Topf, also etwa 8 Liter, und friere sie in Portionen ein. Dann geht es beim nächsten Mal, wenn ich sie brauche, sehr schnell.

Klassische Toppings sind Tofu und Reisnudeln. Ich ergänze sie meist noch mit ein wenig Gemüse, gegrilltem Pak Choi und Pilzen (genau, Umami). Den Tofu können Sie naturell verarbeiten, aber wirklich genial schmeckt er, wenn Sie ihn zunächst mit einer Five-Spices-Gewürzmischung in der Pfanne braten. Also, auf geht's!

Normalerweise baut man die Schüssel von unten nach oben auf: Zunächst Reisnudeln hineingeben (die vorher in einem separaten Topf gekocht wurden), danach Gemüse und Tofu und schließlich vorsichtig die Brühe angießen. Auf einem Teller oder in einer Schüssel sollten Sie einen großen Berg Sprossen, Kräuter (eigentlich einige speziell vietnamesische Kräuter, aber wenn Sie diese nicht bekommen, können Sie auch Koriander und Basilikum nehmen), eine Limettenspalte und entweder frische Chilischeiben oder Chiliflocken anrichten und dazu ebenfalls separat in einer Schüssel einen Teil Hoisin-Sauce und einen Teil Sriracha. Ich kann Ihnen hoch und heilig versichern: Ein Stück Tofu aus der Suppenschüssel in die Saucen zu tauchen, bevor Sie es essen, ist einer der höchsten Genüsse in diesem Buch. Jawohl. I said it.

Brühe für die Phó

Menge: ca. 3 l Brühe / kalkulieren Sie ca.
500 ml pro Portion

Schritt 1

1 SÄUERLICHER APFEL

1 FESTE BIRNE

2 MÖHREN

1 GROSSE GELBE ZWIEBEL

1 STANGE PORREE

1 WINTERRETTICH ODER FESTE WEISSE RÜBE

1 EL NEUTRALES ÖL

1 STÄNGEL ZITRONENGRAS

1 BUND FRISCHER KORIANDER

1 KNOLLE KNOBLAUCH

4 L WASSER

2 SCHEIBEN GETROCKNETE STEINPILZE ODER
2 EL GETROCKNETE PILZE

2–3 EL MEERSALZ

Schritt 2

1 GELBE ZWIEBEL

3 DAUMENGROSSE STÜCKE FRISCHER INGWER

4 STERNANIS

2 ZIMTSTANGEN

8–10 GEWÜRZNELKEN

1 EL KORIANDERSAAT

2–3 GANZE KARDAMOMKAPSELN (AM BESTEN
SCHWARZ)

Schritt 3

250 ML KOCHENDES WASSER

4 EL NÄHRHEFE

1. Apfel, Birne und das Gemüse aus Schritt 1 waschen, ggf. schälen und in große Stücke schneiden.

2. In einem großen Topf Öl erhitzen.

3. Zitronengras mit der Rückseite eines Messers zerdrücken. Frischen Koriander hacken. Spitze der Knoblauchknolle abschneiden und halbieren oder vierteln (Sie müssen die Zehen nicht schälen).

4. Gemüse in den Topf geben und anschwitzen, bis es an den Rändern goldbraun ist.

5. 4 l Wasser in den Topf füllen und auf der höchsten Stufe aufkochen.

6. Obst und Steinpilze ins Wasser geben, die Hitze reduzieren und die Flüssigkeit köcheln lassen.

7. Jetzt 1 EL Meersalz hinzufügen. Später mit zusätzlichem Meersalz abschmecken.

8. Während Schritt 1 köchelt, mit Schritt 2 beginnen.

9. Zwiebel schälen und vierteln.

10. Ingwer waschen, schälen und in zentimeterdicke Scheiben schneiden.

11. In einer Pfanne (am besten eine Gusspfanne) Zwiebeln, Ingwer und Gewürze ohne Öl 5–10 Minuten braten. Rösten, bis der Ingwer trocken und goldgelb aussieht und die trockenen Gewürze wunderbar duften.

12. Wenn Sie ein Gewürzei oder einen Teefilter haben, die Gewürze hineinfüllen und in die Suppe geben. Wenn nicht, geben Sie die Gewürze direkt in die Brühe.

13. Weiterköcheln lassen. 1 Stunde sollte es mindestens sein, doch je mehr Zeit Sie der Brühe geben, desto besser.

14. 250 ml Wasser aufkochen. Nährhefe in eine Schüssel oder ein Glas geben und mit dem Wasser begießen. Gründlich umrühren und danach stehen lassen. Die Nährhefe wird sich wie „Schlamm" am Boden des Gefäßes absetzen, während die Flüssigkeit den guten Geschmack vollständig annimmt. Stehen lassen, bis sich Flüssigkeit und Nährhefe vollständig getrennt haben. Dann die Flüssigkeit kurz vor dem Servieren in die Brühe einrühren, den „Schlamm" wegwerfen.

Toppings: Reisnudeln, Tofu und Pilze

Die Einlagen sollten Sie anpassen, je nachdem, was Sie im Haus haben und wie viele Personen Sie erwarten. Ich denke, Sie sollten zwei große Handvoll Toppings pro Person rechnen, zusätzlich zu einer Portion Reisnudeln. Alle Mengenangaben hier gelten pro Portion, Sie müssen Sie also mit der Anzahl der Personen multiplizieren.

FALLS SIE ES BEKOMMEN: 1 STÜCK BEAN CURD
    (GETROCKNETER TOFU)
CA. 100 G FESTER TOFU (AM BESTEN VORFRITTIERT)
1–2 BRAUNE KRÄUTERSEITLINGE ODER
    PORTOBELLO-PILZE
5–6 AUSTERN- ODER SHIITAKEPILZE
1 PRISE MEERSALZ
1 TL FIVE-SPICES-GEWÜRZ
NEUTRALES ÖL
1 PORTION BREITE REISNUDELN

1. Falls Sie Bean Curd bekommen haben, dieses 15 Minuten einweichen.
2. Tofu in Scheiben oder Würfel schneiden. Pilze in Scheiben schneiden, Bean Curd in Stücke. Alles zusammen in eine Schüssel geben.
3. Mit Salz und Five Spices bestreuen und gründlich vermengen.
4. Kurz vor dem Servieren in einer Pfanne in neutralem Öl 5–6 Minuten braten, bis alles goldbraun ist.
5. Zur Vorbereitung der Reisnudeln Wasser aufkochen, Reisnudeln in einen Topf oder eine Schüssel geben und mit dem kochenden Wasser begießen. Sie dürfen nicht auf dem Herd kochen, nur im aufgekochten Wasser ziehen. Die Dauer hängt von der Dicke der Reisnudeln ab. Packungsbeilage beachten oder Nudeln zwischendurch abschmecken. Sie sollen al dente sein, mit ordentlich Biss, aber nicht trocken in der Mitte. Die Nudeln zeitgleich kochen, während Sie Pilze und Tofu braten.

Topping: Gemüse

Manche sagen, Gemüse gehört nicht in eine Phó, doch ich finde das lecker. Das Gemüse darf auch gerne roh sein. Wenn Sie einige Gemüsesorten erhitzen möchten, empfehle ich eine glühend heiße Grillpfanne, denn so erhalten Sie den besten Geschmack.

1 HANDVOLL BROKKOLI
1 PAK CHOI
1 KLEINE MÖHRE

1. Brokkoli putzen und in dünne Scheiben schneiden – vom Strunk aus nach oben, damit die Röschen nicht auseinanderfallen.
2. Genauso mit dem Pak Choi verfahren: erst halbieren und dann vom Strunk aus erneut halbieren.
3. Möhre in dünne Streifen schneiden, am besten auf einer Julienne-Reibe.
4. Wenn Sie Brokkoli und Pak Choi erhitzen möchten, eine Pfanne erhitzen (mit Öl, wenn Sie keine Grillpfanne verwenden) und das Gemüse darin schwenken, bis es an den Rändern fast schwarz ist.
5. Auf einer Platte anrichten und auf den Tisch stellen.

Hoisin-Sauce

Menge: ca. 200 ml fertige Sauce

2 GROSSE KNOBLAUCHZEHEN

3 EL SOJASAUCE

2 EL TAHINI ODER ERDNUSSBUTTER

2 TL WEISSWEINESSIG

1 EL MELASSE ODER AGAVENDICKSAFT

1–3 TL SRIRACHA ODER EINE ANDERE SCHARFE SAUCE

1 PRISE PFEFFER

1. Knoblauch schälen und reiben.
2. Alle Zutaten bis auf Sriracha und Pfeffer zu einer glatten Sauce verrühren.
3. Mit Pfeffer und Sriracha abschmecken.

Topping: Kräuter und Saucen

Die Kräuter Thaibasilikum und Culantro, auch Langer Koriander genannt, sind nicht immer ganz leicht zu bekommen. Versuchen Sie es in Asiamärkten und fragen Sie nach. Wenn Sie die Kräuter nicht bekommen, können Sie auch Koriander und Minze (eine kräftige Art) nehmen.

THAIBASILIKUM

KORIANDER

MINZE

CULANTRO

LIMETTENSPALTEN

FRÜHLINGSZWIEBELN, IN FEINEN RINGEN

FRISCHE JALAPEÑO ODER CHILI, IN DÜNNE SCHEIBEN GESCHNITTEN

1 HANDVOLL BOHNENSPROSSEN

SRIRACHA

HOISIN-SAUCE (PRÜFEN SIE, FALLS GEWÜNSCHT, BEI GEKAUFTEN SAUCEN, OB DIESE VEGAN SIND)

1. Kräuter und Gemüse waschen.
2. Die Kräuter können Sie ganz auf der Platte anrichten oder die Blätter abzupfen. Meist werden sie ganz serviert, dann muss man beim Essen aber mehr „arbeiten".
3. Limettenspalten, Frühlingszwiebeln, Jalapeños und Bohnensprossen auf kleine Platten verteilen.
4. Servieren Sie Sriracha und Hoisin-Sauce zu gleichen Teilen in kleinen Schüsselchen. Jede Person erhält Saucen, um Nudeln oder Gemüse hineinzutauchen.

Vorbereiten?

Im Prinzip lässt sich alles vorbereiten. Das Einzige, was Sie ganz am Schluss machen sollten, ist ein kleiner Schwenk mit der Pfanne.

1. Die Brühe kann, wie gesagt, reichlich vorher zubereitet werden, sie wird ja nur besser, je länger sie zieht.
2. Reisnudeln können vorbereitet werden. Mischen Sie vor dem Abkühlen ein wenig Sesamöl unter, dann kleben sie nicht zusammen.
3. Gemüse, Kräuter und Toppings können Sie klein schneiden und bereitstellen.
4. Erst kurz bevor das Essen serviert wird, braten Sie den Tofu und das Gemüse, das in die Pfanne kommt, erhitzen die Brühe erneut und richten die Suppenschüsseln an. Die Reisnudeln können Sie portionsweise in der Brühe erhitzen. Sie sollten sie aber in einen Durchschlag legen und damit in die Suppe tauchen, damit Sie vermeiden, dass Nudeln im Topf bleiben und völlig aufweichen.

Gemeinsam zubereiten?

Diese Suppe eignet sich prima, um sie mit Gästen zusammen zuzubereiten, denn sie macht kaum Arbeit, dafür aber großen Spaß, weil das Ergebnis trotz des geringen Einsatzes so toll ist.

1. Sie können die Brühe aufsetzen und köcheln lassen, während der Rest vorbereitet wird. Wie gesagt, je länger sie zieht, desto besser.
2. Danach müssen Sie und Ihre Gäste nur noch schnippeln. Das Gemüse schmeckt am besten in hauchdünnen Streifen. Da zeigt sich schnell, wer am besten mit dem Messer umgehen kann!
3. Die Einlagen, die direkt auf den Tisch kommen, gehen ganz schnell – sind aber auch wichtig!
4. Als Letztes werden der Tofu und das Gemüse gebraten und die Reisnudeln erhitzt.
5. In der Regel enthalten die Schüsseln, die ich auf den Tisch stelle, nur Reisnudeln und Brühe, den Rest darf jeder nach Lust und Laune hinzufügen.

DUMPLINGS SIND HIMMLISCH!

Essen, das gar nicht so kompliziert ist,
wie Sie vielleicht denken.

ERINNERN SIE SICH AN DAS ERSTE MAL, ALS SIE ETWAS AßEN, DAS SIE HEUTE LIEBEN?

Es gibt Gerichte, bei denen man sich sehr genau an das Gefühl erinnert, das man beim Probieren hatte. Und dabei geht es gar nicht so sehr um den Geschmack an sich, sondern um das Gesamtbild. Wo man war, wer dabei war und die Überraschung (oder Enttäuschung, aber diese Ereignisse haben in einem Kochbuch ja nichts zu suchen) über das, was man da im Mund geschmeckt hat. Ich erinnere mich z. B. an das erste Mal, als ich mit der Tiefkühlpizza-Marke Grandiosa bekannt gemacht wurde, denn so etwas gab es bei uns zu Hause nicht. Unter der Woche gab es Großmutters Hausmannskost und an den Wochenenden durfte meine Mutter ihre Leidenschaft für echte Pizza und Pasta ausleben. Nein, ich begriff zum ersten Mal, was eine Tiefkühlpizza war, als ich bei einer Freundin meiner Mutter zu Hause war, wo sich die älteren Jungs um das letzte Stück einer großen Pizza stritten. Ich durfte nicht probieren und verstand daher auch nicht die Hysterie, und an dieser Stelle endet die Geschichte. Aber wir wollen ja auch über Dumplings sprechen.

Zum ersten Mal aß ich Dumplings mit meiner guten Freundin Therese in einem Restaurant im zweiten Stock in der Torggate in Oslo, das es heute nicht mehr gibt. Wenn ich mich recht erinnere, war es ein recht schäbiges Lokal, doch damals war es der Ort in der Stadt, um Dumplings zu essen. Auf den Tischen lagen Papiertischtücher, und die Kellnerinnen schrieben die Nummern dessen, was wir bestellten, direkt auf das Papier, und strichen die Bestellungen nach und nach weg, sobald sie aufgetischt wurden. Ich glaube, das hat mich in etwa genauso fasziniert (Das war wirklich schlau! Wenn man von den Einmaltischtüchern absieht ...) wie die Dumplings selbst. Irgendetwas muss dran sein an Essen, das in Weizenmehlteig eingepackt ist. Es macht etwas mit mir.

" Irgendetwas muss dran sein an Essen, das in Weizenmehlteig eingepackt ist. Es macht etwas mit mir.

Dumplings können – theoretisch und praktisch – mit allem Möglichen gefüllt werden. Man kann sie auf verschiedene Arten zubereiten, und in den Ländern, in denen Dumplings eine lange Tradition haben, variieren auch die Namen je nach Zubereitungsart. Man kann sie in Wasser kochen, dämpfen oder braten oder auch erst braten und danach in der gleichen Pfanne dampfgaren. Die letzte Variante gefällt mir am besten: Man bekommt einen wunderbar knusprigen Teig, während der Dampf das Ganze zu einer fluffigen, lockeren Angelegenheit macht. Unglaublich lecker!

DUMPLINGS ZUBEREITEN, SERVIEREN UND ESSEN

Ich muss ehrlich sagen, Dumplings für viele Gäste zuzubereiten, ist wirklich mühsam. Zumindest, wenn Sie alles selbst zubereiten möchten. Es dauert seine Zeit, bis ein Dumpling geformt ist, und auch das Braten und Dampfgaren nimmt recht viel Zeit in Anspruch. Daher schlage ich vor, das Ganze lieber gemeinsam anzugehen. Als Teil eines Happenings, bei dem das Kochen zum Bestandteil der Mahlzeit wird. Dieses Kapitel enthält kalte und warme Speisen. Die kalten Salate – Gurkensalat mit

> **" Ich muss ehrlich sagen, Dumplings für viele Gäste zuzubereiten, ist wirklich mühsam.**

Chili und Knoblauch, grüne Bohnen und Möhren mit Shiraae, was schlicht weißes Dressing bedeutet (es besteht aus weißem Miso, weißem Tofu und weißem Sesam) – lassen sich ganz wunderbar essen, während die Dumplings zubereitet werden. Clever, oder? Auch die Füllung können alle gemeinsam zubereiten. Ich habe hier Rezepte für zwei Varianten aufgenommen, eine grüne Füllung und eine, die auf Pilzen basiert. Aber Sie können hier Ihrer Fantasie freien Lauf lassen. Daneben ergab sich übrigens noch ein Lieblingsgericht: Pak Choi mit Sesam. Das geht schnell, und Sie können es entweder zum Schluss zubereiten oder gleichzeitig mit den Dumplings.

Dumplings werden hergestellt, indem man etwas Füllung in einen hauchdünnen Teig (meist aus Weizenmehl) einpackt. Sie können den Teig kaufen, zu finden ist er oft unter der Bezeichnung Gyoza-Teigblätter in Asiamärkten oder gut sortierten Supermärkten. Wenn Sie keinen fertigen Teig bekommen, machen Sie ihn einfach selbst (das Rezept dazu finden Sie gleich neben dem Rezept für die Füllung). Es ist nicht schwer, doch die Dumplings sind nicht ganz so kompakt und einfach zuzubereiten wie mit gekauftem Teig.

DUMPLINGS SIND HIMMLISCH!

Dumpling-Teig

Menge: ca. 40–50 Blätter

400 G GESIEBTES WEIZENMEHL (+ ETWAS ZUM
    AUSROLLEN)
½ TL SALZFLOCKEN
200 ML KOCHENDES WASSER

1. Weizenmehl und Salzflocken in einer Schüssel mischen. Sie können auch eine Teigmaschine oder eine Küchenmaschine mit Knethaken verwenden.
2. Das kochende Wasser in die Schüssel geben, während die Maschine läuft, bis der Teig glatt ist und am Knethaken klebt. Wickelt er sich nicht um den Knethaken oder wird er zu trocken, noch mehr Wasser in kleinen Portionen hinzufügen. Achten Sie darauf, dass der Teig nicht zu klebrig wird.
3. Teig aus der Schüssel nehmen und kurz von Hand durchkneten. Unter einem Küchenhandtuch 10–15 Minuten ruhen lassen, dann wieder ein paar Minuten durchkneten.
4. Anschließend den Teig unter einem Deckel oder einem dichten Tuch mindestens 1 Stunde ruhen lassen. Ein wenig länger ist auch kein Problem, er lässt sich dann leichter verarbeiten. Liegt er jedoch zu lange, kann es sein, dass das Formen der Dumplings etwas schwieriger wird.
5. Teig auf die Arbeitsfläche legen und zu einer gleichmäßigen Rolle formen. Danach die Rolle in kleinere Stücke teilen, etwa 10–12 g Teig pro Stück. Mit etwas Mehl bestreuen, damit sie nicht kleben. Reichlich Mehl auf der Arbeitsplatte verteilen und die Teigstücke zunächst mit den Händen zu einem flachen Kreis formen, bevor Sie sie ausrollen. Beim Ausrollen häufig umdrehen und wenden.
6. Wenn Sie besonders geschickt sind, können Sie den Teig so ausrollen, dass die Dumpling-Blätter an den Rändern etwas dünner sind als in der Mitte, dann geht das Verschließen der Dumplings später einfacher. Mit der einen Hand den Teig ausrollen, zwischendurch mit der anderen um eine Viertelumdrehung drehen, das Nudelholz in die Mitte bewegen – den Teig drehen – ausrollen – drehen.
7. Die Blätter jeweils mit einer dünnen Schicht Mehl bestreuen, dann aufeinanderstapeln und mit einem Handtuch bedecken, während Sie die restlichen Blätter ausrollen. Vielleicht werden Sie sich anfangs ein wenig schwer tun, aber Übung macht bekanntlich den Meister, und am Ende zählt ja vor allem der Geschmack.
8. Sie können die Blätter nach dem Ausrollen auch in einem luftdicht verschlossenen Gefrierbeutel einfrieren. Vor der Verwendung dann 30–40 Minuten auf der Arbeitsplatte ruhen lassen.

Grüne Dumpling-Füllung

Menge: ca. 20 Dumplings

1 HANDVOLL FRISCHER SPINAT
1 HANDVOLL GRÜNER SPARGEL
1 HANDVOLL FRISCHE GRÜNE BOHNEN
2 SCHALOTTEN
2 KNOBLAUCHZEHEN
1 DICKE SCHEIBE INGWER
2 CM ROTER CHILI
CA. 4–5 EL FEIN GEHACKTER KORIANDER
200 G TOFU NATUR
2 EL SOJASAUCE ODER TAMARI
1–2 EL GERÖSTETES SESAMÖL

1. Zunächst Spinat in kochendem Wasser blanchieren, dann mit kaltem Wasser abschrecken. Gründlich ausdrücken. Spargel, Bohnen, Schalotten, Knoblauch, Ingwer, Chili und Koriander waschen bzw. schälen und grob hacken.
2. Alle Zutaten in einen Mixer füllen und zu einer groben Masse zerkleinern. Sie darf ruhig leicht stückig sein.
3. Die Mischung in ein Sieb füllen und überschüssige Flüssigkeit abtropfen lassen. Diesen Punkt können Sie auch überspringen, aber mit einer trockenen Masse ist das Füllen der Dumplings leichter.

Pilzfüllung für Dumplings

Menge: ca. 20 Dumplings

2 GROßE SCHALOTTEN
2 FRÜHLINGSZWIEBELN
4 KNOBLAUCHZEHEN
1 EL NEUTRALES ÖL
CA. 500 G FRISCHE PILZE (AUSTERNPILZE, BRAUNE
    KRÄUTERSEITLINGE, SHIITAKE-PILZE)
2 EL SOJASAUCE
1 EL REISESSIG
1 EL GERÖSTETES SESAMÖL
1 TL CHILIÖL ODER SRIRACHA

1. Schalotten, Frühlingszwiebeln und geschälten Knoblauch in einen Mixer geben oder mit einem Pürierstab fein zerkleinern. In einer Pfanne neutrales Öl erhitzen, die Mischung hineingeben und braten,

bis die Flüssigkeit verdampft ist und die Zwiebelstücke weich sind.

2. Pilze ebenfalls in den Mixer geben (in mehreren Portionen, falls erforderlich) und ebenfalls fein zerkleinern. Es sollte keine Suppe werden, sondern schön fein gehackte Stücke.
3. Nach und nach in die Pfanne zu den Zwiebeln geben.
4. Die Pilz-Zwiebel-Mischung braten, bis so viel Flüssigkeit wie möglich verdampft ist.
5. In einer Schüssel Sojasauce, Reisessig, Sesamöl und Chiliöl mischen und in die Pfanne geben. Einkochen lassen, bis die Flüssigkeit wieder verdampft ist.
6. Die Mischung in eine Schüssel umfüllen und etwas abkühlen lassen, bevor Sie die Dumplings füllen.

Dumplings formen und braten oder dämpfen

Dumplings formen
EIN TEIGBLATT AUF IHRE HANDFLÄCHE LEGEN.
IN DIE MITTE EINEN TEELÖFFEL FÜLLUNG GEBEN.
MIT DEN FINGERN ODER EINEM PINSEL DEN GESAMTEN RAND DES BLATTES ANFEUCHTEN.
DUMPLINGS ZUSAMMENFALTEN.

Sie können es sich einfach machen und die Ränder zusammendrücken, sodass ein Halbmond entsteht ... In der fortgeschritteneren Variante klappen Sie den Teig zu einem Halbmond zusammen, drücken die Ränder aber nicht zusammen. Den Halbmond flach auf Ihre Handfläche legen, die untere Hälfte bleibt auf Ihrer Hand liegen, mit der anderen Hand arbeiten Sie in die obere Hälfte vier oder fünf Falten immer in der gleichen Richtung ein.

Dumplings braten
1. In eine Pfanne mit Deckel neutrales Öl geben und bei mittlerer/starker Hitze erwärmen.
2. Dumplings in die Pfanne legen, sie sollen flach nebeneinander, nicht übereinander, liegen.
3. Deckel auflegen und die Dumplings 3–4 Minuten braten. Zwischendurch die Pfanne leicht schütteln, damit sie nicht ansetzen.
4. 100 ml Wasser in die Pfanne gießen und wieder den Deckel auflegen. Ein wenig hin und her schütteln.
5. Wenn das Wasser verdampft ist, sind die Dumplings fertig. Vorsichtig herausnehmen und auf einer Platte anrichten.

Dumplings dämpfen
1. Einen großen Bambusdämpfer mit Backpapierstreifen auslegen. Sie können auch ein anderes Dampfgargerät mit Deckel verwenden.
2. Dumplings darin verteilen, dabei darauf achten, dass sie sich nicht berühren.
3. Wasser aufkochen, den Dämpfer darüber anbringen und 10 Minuten ziehen lassen. Währenddessen den Deckel nicht anfassen.
4. Der Deckel bleibt auf dem Korb, bis die Dumplings serviert werden.

Gurkensalat
Menge: Beilage für 2–4 Personen

1 GANZE GURKE
1 + ½ TL SALZFLOCKEN
1 + ½ TL ZUCKER
1 EL REISESSIG
1 TL SESAMÖL
1 TL SOJASAUCE
1 KNOBLAUCHZEHE
CHILIFLOCKEN
SESAM

1. Gurke waschen und die Enden abschneiden. Zunächst in vier große Stücke teilen, diese dann längs zweimal halbieren, sodass Sie dicke Gurkenstäbchen erhalten. Mit der Schnittfläche nach unten auf das Schneidbrett legen. Mit der flachen Seite des Messers die Gurkenstäbchen leicht flachdrücken. So platzt die Schale auf und das weiche Kerngehäuse löst sich von der Gurke – und genau darum geht es.
2. Gurke ohne Kerngehäuse in ein Sieb oder einen Durchschlag über einer Schüssel füllen. Mit 1 TL Salzflocken und 1 TL Zucker bestreuen und so mindestens ½ Stunde, maximal bis zu 4 Stunden (dann im Kühlschrank) abtropfen lassen. Überspringen Sie diesen Punkt nicht!
3. In einer kleinen Schale ½ TL Salzflocken, ½ TL Zucker, Reisessig, Sesamöl und Sojasauce verrühren, bis Zucker und Salz sich aufgelöst haben. Knoblauch schälen, fein hacken und zur Seite stellen.
4. Wenn die Gurkenstäbchen abgetropft sind, die restliche Flüssigkeit aus dem Sieb schütteln und die Gurken in die Servierschüssel füllen. Mit dem Dressing begießen und mit Knoblauch und Chiliflocken abschmecken. Zum Schluss mit Sesam bestreuen.

Shiraae

Menge: Beilage für 2–4 Portionen

3 EL GERÖSTETER WEIßER SESAM

CA. 100 G SEIDENTOFU (ACHTUNG! KEIN FESTER TOFU)

2 EL WEIßES MISO (ANDERE ARTEN SIND AUCH MÖGLICH)

2 TL ZUCKER

4 TL SOJASAUCE

2–3 MÖHREN

150 G FRISCHE, GRÜNE BOHNEN

1. Falls Sie keinen gerösteten Sesam im Vorrat haben, den Sesam in einer trockenen Pfanne goldgelb rösten.
2. Seidentofu auf einem Teller 10–15 Minuten abtropfen lassen. Sie können ihn auch in ein Handtuch einwickeln und vorsichtig ausdrücken. Passen Sie aber auf, dass Sie den Tofu nicht zerdrücken.
3. In einem Mörser oder Mixer den Sesam grob mahlen. Es sollte kein Mehl werden, doch die Konsistenz sollte etwas feiner sein als bei ganzem Sesam.
4. In einer Schüssel Miso, Zucker und Sojasauce verrühren. Mithilfe einer Gabel zu einer glatten Paste verarbeiten. Dann den Sesam unterrühren.
5. Seidentofu in die Miso-Masse einrühren und zur Seite stellen.
6. Möhren schälen, bei den Bohnen die Enden abschneiden. Wasser aufkochen, das Gemüse ins kochende Wasser geben und 30–60 Sekunden kochen, dann mit kaltem Wasser abschrecken.
7. Gemüse in eine Schüssel füllen und mit der Miso-Masse vermengen. Nach Geschmack mit Sesam garnieren.

Gedämpfter oder gegrillter Pak Choi mit Sesam

Menge: 1–2 Pak Choi pro Person

1 PAK CHOI PRO PERSON

SESAMÖL

GERÖSTETER SESAM

1. Pak Choi waschen und je nach Größe längs halbieren oder vierteln, sodass alle Blätter noch mit dem Strunk verbunden sind.
2. Dämpfen: Die Pak-Choi-Stücke in einen Dämpfer geben und über kochendem Wasser etwa 5 Minuten dämpfen, bis sie durch und durch weich sind. Vor dem Servieren mit Sesamöl beträufeln und mit Sesam bestreuen.
3. Grillen: Eine Grillpfanne bereitstellen (oder den Grill vorbereiten). Pak-Choi-Stücke auf den Schnittflächen mit Sesamöl einpinseln und mit den Schnittflächen nach unten auf den Grill legen. Bei mittlerer/starker Hitze grillen, bis sie auf beiden Schnittflächen Grillstreifen haben. Zum Schluss mit Sesam bestreuen.

Dips

Nummer eins: Zitrus

1 TEIL SOJASAUCE

1 TEIL FRISCH GEPRESSTER ZITRONENSAFT

1–2 TL GERÖSTETER SESAM

Alle Zutaten vermischen.

Nummer zwei: Chili

1 EL FEIN GEHACKTER/GERIEBENER INGWER

100 ML SOJASAUCE

4 TL SRIRACHA

1 EL REISESSIG

1 EL ZUCKER

1 EL SESAMÖL

Alle Zutaten vermischen.

Nummer drei: Nüsse

1 EL FEIN GEHACKTE FRÜHLINGSZWIEBELN

2 EL SOJASAUCE

½ EL SRIRACHA

1 EL ERDNUSS-/CASHEWBUTTER ODER FEIN GEHACKTE ERDNÜSSE/CASHEWKERNE

1 TL ZUCKER

Alle Zutaten vermischen.

Vorbereiten?

Wenn Sie etwas vorbereiten möchten, empfehle ich folgende Vorgehensweise:

1. Bereiten Sie die Füllung für die Dumplings vor, sie kann problemlos bis zu 1 Tag im Kühlschrank stehen.
2. Wenn Sie den Teig selbst zubereiten, lässt sich auch das vorher erledigen. Sie können die Teigstücke ausrollen, mit einer dünnen Schicht Weizenmehl dazwischen stapeln, einpacken und im Kühlschrank aufbewahren.
3. Auch die Salate lassen sich größtenteils vorbereiten: Das Dressing für den Gurkensalat können Sie zubereiten, und die Gurken sollen ja ohnehin eine Weile abtropfen. Sie können sie 3–4 Stunden vor dem Servieren im Kühlschrank stehen lassen (ohne Dressing, das geben Sie erst kurz vor dem Servieren dazu). Der Bohnen-Möhren-Salat (Shiraae) lässt sich ebenfalls vorher zubereiten – entweder vollständig oder nur das Dressing. Das Gemüse bereiten Sie ganz zum Schluss zu. Es schmeckt am besten, wenn es gerade erst blanchiert wurde, verträgt es aber auch, eine Weile zu stehen.
4. Der Pak Choi braucht nicht lang, Sie können ihn waschen, schneiden und bereitlegen. Mit anderen Worten: Sie können im Prinzip alles so vorbereiten, dass für das Essen schließlich nur noch die Dumplings geformt und gebraten werden müssen.

Gemeinsam zubereiten?

Sollen mehrere Personen das Essen zubereiten, schlage ich Folgendes vor:

1. Bereiten Sie zunächst den Teig zu, falls Sie keinen gekauften verwenden. Der braucht ein wenig Zeit.
2. Während der Teig ruht, können Füllungen und Dips zubereitet werden.
3. Sind viele Personen beteiligt, kann einer die Dumplings füllen und formen, während andere die Salate zubereiten. Falls Sie nicht zuerst die Salate zubereiten möchten, um sie dann beim Formen der Dumplings zu essen. In meiner Welt ist gleichzeitiges Kochen und Essen eine Selbstverständlichkeit!

BUN-BALUBA!

Eine Art Burger und doch kein Burger,
sondern noch besser.

BAO BUNS BRAUCHEN ETWAS ZEIT. SIND SIE ES WERT? ABER HALLO!

Bao Buns sind ein Fest im Mund, ein Fest in der Küche, ein Fest für jeden Tag. Und warum?, fragen Sie. Weil Sie dieses Backwerk nicht backen müssen, sondern dämpfen können. Und wenn ein Backwerk gedämpft wird, wissen Sie, was dann passiert? Magie, es passiert Magie. I tell you.
Stellen Sie sich Bao Buns als eine Art asiatischen Burger vor. Sie haben ein Brot (das gedämpft, nicht gebacken wird), und das füllen Sie mit unglaublich leckeren Dingen. Wie hört sich das an? Tofu, gebraten und mit einer säuerlichen, Umami-reichen Hoisin-Sauce. Pilze, die erst in einer Soja-Chilisauce gebraten und dann in Tempura frittiert wurden. Gurken und Zwiebeln, die eine Weile eingelegt wurden. Fein gehackter Koriander, fein gehackte Erdnüsse, fein gehackter Chili. Fein geschnittener Salat, fein geschnittene Möhren, fein geschnittene Frühlingszwiebeln. Miso-Mayonnaise! Ja, Sie haben richtig gelesen, Miso-Mayonnaise!

" Und wenn ein Backwerk gedämpft wird, wissen Sie, was dann passiert? Magie, es passiert Magie.

„Bun-Baluba" möchte man ausrufen, wenn all diese Leckereien in Schüsseln und Schalen auf dem Tisch stehen, es ein paar Beilagen und ein gutes Tröpfchen im Glas gibt. Dann wird der Bambusdämpfer mitten auf den Tisch gestellt, immer noch zu heiß zum Anfassen … Und Sie können die Buns mit allem füllen, was Sie mögen! Vielleicht gelingt Ihnen sogar die absolute Top-Kombination? Meine Lieblingszutaten sind der Hoisin-Tofu mit eingelegtem Gemüse, Chili-Mayonnaise und Erdnüssen oder Tempurapilze mit Miso-Mayonnaise, Frühlingszwiebeln, Salat und Gurke. Sie können die beiden Rezepte aber auch mischen und die Hoisin-Sauce für die gebratenen Pilze nehmen.
Alle Rezepte in diesem Buch wurden natürlich mehrfach getestet, diese hier allerdings mehr als andere. Ganz einfach, weil ich weiß, dass einige davor zurückschrecken werden, Weizenbrötchen selbst zu dämpfen. Natürlich kann man sie im Asiamarkt tiefgekühlt kaufen. Aber diese hier lassen sich tatsächlich ganz leicht zu Hause zubereiten; Sie brauchen keine seltenen oder verrückten Zutaten. Ich dämpfe meine in einem klassischen Bambusdämpfer. Aber alles, was Sie brauchen, ist ein Rost oder ein Gitter mit kochendem Wasser darunter und einem Deckel darüber. Falls Sie einen Dampfgarofen haben, können Sie natürlich auch diesen verwenden.

BUNS ZUBEREITEN, SERVIEREN UND ESSEN
Stellen Sie es sich wie eine Burger-Party vor, bei der jeder seinen eigenen Burger zusammenstellt: Alles, was hinein soll, sowohl warme als auch kalte Füllungen, Saucen und Toppings, steht in Schalen auf dem Tisch. Ganz zum Schluss werden die Brote gedämpft, und wenn sie auf dem Tisch stehen, geht es los! Sie sollten mindestens zwei Buns pro Person rechnen.

Buns

Menge: 8 große oder 16 kleine Buns

1 ½ TL TROCKENHEFE

180 ML HANDWARMES WASSER

2 TL BACKPULVER

360 G WEIZENMEHL

2 EL ZUCKER

3 EL NEUTRALES ÖL + ETWAS ZUM BEPINSELN

1. In einer Schüssel Trockenhefe und Wasser verrühren und 5 Minuten quellen lassen.
2. Backpulver, Weizenmehl und Zucker in einer Küchenmaschine mit Knethaken vermengen.
3. Öl mit der Hefe-Wasser-Mischung verrühren.
4. Die Flüssigkeit in einem dünnen Strahl zu den trockenen Zutaten geben, während die Maschine läuft.
5. Jetzt die Geschwindigkeit etwas erhöhen und die Maschine ca. 10 Minuten laufen lassen, bis der Teig in einem Stück am Knethaken haftet. Anfangs sieht er trocken aus, aber nur Geduld. Er ist fertig, wenn an den Schüsselrändern kein Teig mehr haftet. Falls Sie das Gefühl haben, dass er nicht die gewünschte Konsistenz haben wird, geben Sie bei laufendem Rührwerk noch etwas Mehl bzw. Wasser zum Teig.
6. Der fertige Teig ist nicht so weich wie Pizzateig und sollte nicht an den Fingern kleben.
7. Teig auf die Arbeitsfläche legen und von Hand ohne weiteres Mehl ein paar Minuten kneten, bis er sich glatt und weich anfühlt. Wenn er immer noch ein wenig klebt, noch einen Hauch Weizenmehl hinzufügen.
8. Etwas Öl in eine Schüssel geben, die Teigkugel darin wenden und die Schüssel abdecken. In den Ofen stellen, in dem nur das Licht, keine Temperatur eingeschaltet ist. Ca. 1 Stunde auf etwa die doppelte Größe gehen lassen.
9. Das Ausrollen vorbereiten. Acht Kreise/Rechtecke aus Backpapier ausschneiden, den Bambusdämpfer (oder das was Sie zum Dämpfen verwenden), etwas Öl und einen Pinsel bereitstellen.
10. Teig aus der Schüssel nehmen, halbieren und zu zwei Rollen formen. Jede Rolle in vier gleiche Stücke schneiden. Jedes Stück zwischen den Händen zu einer Kugel rollen, danach

platt drücken und rund formen. Wenn Sie 16 kleine Buns haben wollen, müssen Sie die Teig-kugel vierteln und dann jedes Stück viermal teilen.

11. Mit einem Nudelholz die Teigstücke oval ausrollen. Den Teig dabei häufig wenden und drehen. Zu diesem Zeitpunkt sollte die Verarbeitung des Teigs ganz leicht und ohne weiteres Mehl auf der Arbeitsfläche vonstattengehen.

12. Die Oberseite der Teigstücke mit Öl bepinseln und in der Mitte zusammenfalten. Auf ein Stück Backpapier legen und in den Bambusdämpfer geben.

13. So mit allen Teiglingen verfahren. Achten Sie darauf, zwischen den Teigblättern im Dämpfer Platz zu lassen, mindestens 1 cm auf jeder Seite und 1 cm zum Rand. Ist der Dämpfer voll, legen Sie die restlichen Teiglinge auf ein großes Brett oder Backblech.

14. Mit einem Küchenhandtuch bedecken und im Ofen (ohne Hitze!) 15–20 Minuten gehen lassen. In der Zwischenzeit das Dämpfen vorbereiten.

15. Jetzt die Teiglinge aus dem Ofen nehmen. In einem Topf oder Wok, in oder auf den der Dämpfer passt, Wasser aufkochen und den Dämpfer darüber anbringen.

16. Die Buns ca. 8 Minuten dämpfen. Sie sollen luftig sein und leicht trocken aussehen. Im Dämpfer stehen lassen und die Gäste zu Tisch bitten. Vor dem Anfassen ein paar Minuten abkühlen lassen, sie sind glühend heiß!

17. Die Buns schmecken frisch gedämpft am besten, finde ich. Dämpfen Sie also erstmal nur so viele, wie Sie für die erste Runde benötigen. Und nach einer kleinen Verdauungspause dämpfen Sie dann die restlichen Buns.

Hoisin-Tofu

Menge: Füllung für ca. 8 Buns

6 EL HOISIN-SAUCE (SIEHE SEITE 24)

4 EL SOJASAUCE

2 TL SESAMÖL

2 TL APFELESSIG/REISESSIG

2 TL AGAVENDICKSAFT/MIRIN

2 TL SRIRACHA

2 TL ERDNUSSÖL/NEUTRALES ÖL + ÖL ZUM BRATEN

2 PACKUNGEN (CA. 400 G) FESTER TOFU

1. Für die Marinade in einer flachen Form Hoisin-Sauce, Sojasauce, Sesamöl, Essig, Agavendicksaft, Sriracha und Öl vermengen.
2. Tofu in acht Scheiben schneiden und in der Marinade einlegen, mindestens 15 Minuten lang, gerne aber auch über Nacht.
3. In einer Pfanne ein paar TL Öl erhitzen, die Tofu-Scheiben aus der Marinade nehmen und auf allen Seiten goldbraun braten.
4. Zum Schluss mit der restlichen Marinade beträufeln, damit diese in die Scheiben einzieht.

Rote Zwiebeln in Zitronenmarinade

Menge: ca. 270 g fertig marinierte Zwiebeln

2 ROTE ZWIEBELN

2 ZITRONEN

1 PRISE SALZFLOCKEN

1. Zwiebeln schälen und in so dünne Scheiben wie möglich schneiden. Am besten verwenden Sie eine Mandolinenreibe. In eine Schüssel füllen.
2. Zitronen auf der Arbeitsfläche hin- und herrollen, dann halbieren (so geben sie mehr Flüssigkeit ab). Den Saft über die Zwiebeln pressen.
3. Mit einer Prise Salz bestreuen und die Zwiebeln eine Weile ziehen lassen.

Tempura-Pilze

Menge: Füllung für ca. 8 Buns

NEUTRALES ÖL ZUM BRATEN UND FRITTIEREN (EINE SORTE,
    DIE HOHE TEMPERATUREN VERTRÄGT)
8–10 GROßE HANDVOLL PILZE (AUSTERNPILZE,
    BRAUNE KRÄUTERSEITLINGE, SHIITAKE)
4 EL SOJASAUCE
2 EL REISESSIG
1–2 EL SRIRACHA
2 TL MIRIN
2 EL WASSER
180 G WEIZENMEHL
180 G MAISSTÄRKE
400 ML SODAWASSER

1. Zunächst in einer Pfanne 1 EL Öl erhitzen, die Pilze hinzu-fügen und bei starker Hitze braten. Mit einem Pfannenwen-der die Pilze flachdrücken, evtl. einen anderen schweren Topf oder eine feuerfeste Schüssel daraufstellen, um Druck auszuüben. 5–6 Minuten braten, bis die Pilze auf beiden Seiten goldbraun sind.

2. In einer Schüssel Sojasauce, Reisessig, Sriracha, Mirin und Wasser vermengen und über die Pilze gießen. Einkochen lassen. Pilze auf einen Teller füllen und abkühlen lassen.

3. In einer weiteren Schüssel Weizenmehl und Maisstärke mi-schen, mit einer Gabel oder Essstäbchen Sodawasser einrüh-ren.

4. In einem schweren Topf mit Deckel ca. 5 cm hoch Öl bei mittlerer Hitze erhitzen. Seien Sie beim Frittieren besonders vorsichtig, halten Sie immer den Deckel bereit und verwen-den Sie nur Werkzeuge aus Holz oder Stahl. Das Öl hat die richtige Temperatur, wenn Sie einen Holzspieß in den Topf halten und sich daran Bläschen bilden oder wenn ein paar Tropfen Tempurateig innerhalb von 10 Sekunden goldgelb werden.

5. Pilze mit dem Tempurateig mischen und entweder mit einer Pinzette oder mit Essstäbchen einzeln herausholen, über-schüssigen Teig abtropfen lassen und sie vorsichtig ins Öl geben. Legen Sie nicht zu viele auf einmal in den Topf. Zwischendurch umrühren. Sie sollten nach 1–2 Minuten goldgelb sein.

6. Die frittierten Pilze auf einer mit Küchenpapier ausgelegten Platte abtropfen lassen, dann mit den anderen Pilzen ebenso verfahren.

7. Wenn Sie fertig sind, den Deckel auf den Topf legen, die Hitze abschalten und zum Abkühlen an einen sicheren Ort zur Seite stellen. Denken Sie daran, das Öl nicht in den Ausguss zu entsorgen.

Toppings ohne besondere Vorbereitung

FEIN GEHACKTER KORIANDER
FEIN GEHACKTE ERDNÜSSE
GURKEN IN DÜNNEN SCHEIBEN ODER
    STREIFEN
MÖHREN IN DÜNNEN SCHEIBEN ODER
    STREIFEN
GRÜNER SALAT IN DÜNNEN STREIFEN
ROTKOHL IN DÜNNEN STREIFEN
SESAM (WEIßER, GERÖSTET, ODER
    SCHWARZER)

Miso-Mayo

Menge: ca. 200 ml fertiges Dressing

CA. 150 G SEIDENTOFU
2 EL WEISSES MISO
1 TL AGAVENDICKSAFT ODER MIRIN
1 EL REISESSIG
2 EL NEUTRALES ÖL

1. Mit einem Pürierstab Seidentofu, Miso, Agavendicksaft/Mirin und Essig zu einem glatten Püree verarbeiten.
2. Während der Pürierstab noch läuft, Öl in einem dünnen Strahl hinzufügen, bis Sie eine schön glatte Mayonnaise haben.
3. In einem luftdicht verschließbaren Gefäß hält sich die Mayonnaise 1–2 Wochen.

Chili-Mayo

Menge: ca. 400 ml fertiges Dressing

200 ML UNGESÜSSTE SOJAMILCH
2 TL APFELESSIG
2 EL FRISCH GEPRESSTER ZITRONENSAFT
300–500 ML NEUTRALES ÖL (RAPS- ODER
     SONNENBLUMENÖL)
1 TL MALDON-SALZ
SRIRACHA NACH GESCHMACK

1. In einer Schüssel mit hohem Rand Sojamilch, Essig und Zitronensaft verrühren und 4–5 Minuten andicken lassen. Dann die Basis mit dem Pürierstab leicht verrühren. Die Sojamilch funktioniert hier zusammen mit Essig und Zitronensaft als Emulgator.
2. Während der Pürierstab noch läuft, Öl in einem dünnen Strahl hinzufügen. Je mehr Öl Sie zugeben, desto dicker wird die Mayonnaise. Den Pürierstab so lange laufen lassen, bis die Mayonnaise die gewünschte Konsistenz hat.
3. Zum Schluss Salz und Sriracha nach Geschmack einrühren.
4. In einem luftdicht verschließbaren Gefäß hält sich die Mayonnaise im Kühlschrank 1–2 Wochen.

Vorbereiten?

Wenn Sie viel vorbereiten möchten, können Sie sich an folgender Vorgehensweise orientieren:

1. Chili- und Miso-Mayonnaise können Sie mehrere Tage vorher zubereiten.
2. Der Teig für die Buns sollte an dem Tag zubereitet werden, an dem Sie sie essen möchten, aber Sie können den Teig schon ein paar Stunden früher vorbereiten und gehen lassen, statt ihn erst am Abend zu machen.
3. Die Füllungen für die Buns, also der Hoisin-Tofu und die frittierten Pilze, schmecken frisch am besten. Vorbereitend können Sie aber alles abwiegen und bereitstellen und die Marinaden zubereiten.

Gemeinsam zubereiten?

Dies ist ein perfekter Plan für mehrere Gäste, die gemeinsam das Essen zubereiten möchten! Ich empfehle folgende Reihenfolge:

1. Alles beginnt mit dem Ansetzen des Teigs. Er braucht im ersten Schritt mindestens 1 Stunde und später nochmal 30 Minuten zum Gehen. In der Zwischenzeit können Sie alles andere zubereiten.
2. Fangen Sie mit den Beilagen an: Miso- und Chili-Mayo (sie haben eine unterschiedliche Basis, aber Sie können auch die gleiche verwenden, wenn Sie mögen) und eingelegte Zwiebeln, denn die werden ja nur besser, je länger sie stehen.
3. Die Pilze können Sie vorher braten, aber die Zubereitung des Tempurateigs und das Frittieren sollten Sie kurz vor – oder während – des Dämpfens der Buns erledigen.
4. Der Tofu können Sie so lange in der Marinade liegen lassen, wie Sie möchten, und Sie können ihn auch eine Weile in der Pfanne warm halten, wenn er gebraten ist, jedoch nicht zu lange.

Aus anderen Kapiteln

Mit den Buns können Sie verschiedene Dinge aus anderen Kapiteln kombinieren, z. B. den Gurkensalat und das Gemüse mit Shiraae von den *Dumplings*. Wenn Sie keine frittierten Pilze mögen, lassen Sie das Frittieren einfach weg und braten Sie sie nur, am besten in Hoisin-Sauce.

EIN SANDWICH SO DICK, DASS MAN KAUM HINEINBEISSEN KANN

Mehr als nur ein paar belegte Brote!

DIE RÜCKKEHR DER BELEGTEN BROTE

Wer von Ihnen hat Kindheitserinnerungen an trockene und gleichzeitig durchweichte Brotscheiben (ein Phänomen, das ich übrigens bis heute nicht richtig verstanden habe) in der Butterbrotdose, und zwar jeden Tag, so lange, bis man selbst über sein Lunchpaket entscheiden durfte?

Ja, Sie erinnern sich bestimmt. Das ging bestimmt nicht nur mir so, sondern uns allen! Aber wissen Sie, wer einem dabei am meisten leidtun sollte? Wenn Sie mich fragen, sind es die belegten Brote. Denn sie haben eigentlich nichts falsch gemacht. Das Konzept Belegte Brote ist an sich eigentlich fantastisch, wir müssen ihm nur ein wenig auf die Sprünge helfen! Eine Faustregel lautet: Auf der Scheibe sollte doppelt so viel Belag liegen, wie die Scheibe dick ist. Eine andere Faustregel lautet: Nehmen Sie zwei Scheiben, stopfen Sie sie voll, schneiden Sie sie durch (am besten diagonal, wie in einem angesagten amerikanischen Film) und öffnen Sie den Mund so weit, wie es nur irgend geht, um den ersten Bissen nehmen zu können. Und noch eine Faustregel habe ich für Sie: Beim Belag müssen Sie sich nicht für kalt oder warm entscheiden.

> **Aber wissen Sie, wer einem dabei am meisten leidtun sollte? Wenn Sie mich fragen, sind es die belegten Brote. Denn sie haben eigentlich nichts falsch gemacht.**

In diesem Kapitel möchte ich versuchen, den belegten Broten wieder zu neuem Glanz zu verhelfen. Wie es sich in diesem Zusammenhang gehört, lassen wir uns natürlich von Amerika inspirieren und denken an belegte Brote in Form von Sandwiches. Dieses Kapitel enthält also Rezepte für ein helles Brot (wir können auch einfach Weißbrot sagen, denn genau das ist es ja), verschiedene leckere Saucen, Vorschläge für Grünzeug, das sich gut als Belag eignet, und schließlich Speisen, die sich besonders gut zwischen zwei Scheiben Brot machen. Zum Beispiel im Ofen gebackene, geräucherte und gebratene Aubergine, Kichererbsencreme mit Curry und Limette und kleine, gebratene Zucchinitaler, die dank des Kichererbsenmehls, das eine Weile in Wasser quellen darf, innen so herrlich weich sind, dass Sie es kaum glauben werden. Drei ganz unterschiedliche Konsistenzen und Geschmäcke zusammen mit verschiedenem Gemüse und Saucen, damit Sie so lange herumprobieren können, bis Sie Ihr Lieblingssandwich gefunden haben. In den Rezepten finden Sie drei Versionen von Dressings auf Cashew-Basis sowie ein grünes Chimichurri mit massenhaft Petersilie.

Ein Tipp zum Aufbau des Sandwiches: Jede zweite Schicht sollte eine andere Struktur haben als die darunter, so verhindern Sie, dass etwas verrutscht. Tomaten auf Avocado z. B. werden sich schnell verabschieden, doch mit einem Salatblatt dazwischen bleibt alles, wo es soll.

Sandwich-Brot (1 Brot)

1 EL TROCKENHEFE
125 ML HANDWARMES WASSER
450 G GESIEBTES WEIZENMEHL
1 ½ TL SALZFLOCKEN
1 EL ZUCKER
2 EL ÖL
125 ML UNGESÜSSTE PFLANZENMILCH

1. In einer Backschüssel oder der Rührschüssel der Küchenmaschine Trockenhefe ins Wasser einrühren, bis sie sich aufgelöst hat.
2. Weizenmehl, Salz und Zucker mischen und in die Schüssel füllen – unter Rühren bzw. während die Maschine läuft.
3. Öl und handwarme Pflanzenmilch hinzufügen und die Maschine 10 Minuten kneten lassen. Nach Bedarf mit Weizenmehl oder Wasser die Konsistenz des Teiges anpassen.
4. Teig aus der Schüssel nehmen, mit den Händen ein paarmal durchkneten (dafür sollten Sie jetzt kein Mehl mehr benötigen) und mit Wasser anfeuchten. Dann in eine Schüssel mit Deckel legen. Die Schüssel in den Ofen stellen, in dem nur das Licht, keine Hitze eingeschaltet ist, oder an einen anderen lauwarmen Ort. Den Teig ca. 1 Stunde gehen lassen, bis er seine Größe verdoppelt hat.
5. Nach dem Gehen den Teig aus der Schüssel nehmen, ein paar Minuten durchkneten und zu einer länglichen Rolle formen. Eine Brotbackform mit Backpapier auskleiden (ich nehme zwei Blätter und lege eins längs und eins quer hinein, damit sich in den Ecken nicht zu viel Papier knubbelt) und den Teig hineingeben. Oberfläche erneut mit Wasser anfeuchten. Form abdecken und wieder bei eingeschaltetem Licht zurück in den Ofen stellen. Wieder auf die doppelte Größe gehen lassen.
6. Form aus dem Ofen nehmen, Ofen auf 200 °C vorheizen.
7. Das Brot auf mittlerer Schiene ca. 45 Minuten backen, bis es schön braun geworden ist und „hohl" klingt, wenn Sie vorsichtig daraufklopfen. Auf einem Rost abkühlen lassen.

Geräucherte Aubergine aus dem Ofen

Menge: ca. 1 Backblech mit fertigen Auberginenscheiben

1 AUBERGINE
2 EL NEUTRALES ÖL
2 EL SOJASAUCE
1 EL APFEL- ODER REISESSIG
2 EL AHORNSIRUP ODER AGAVENDICKSAFT
¼–1 EL LIQUID SMOKE (NACH GESCHMACK)
½–1 EL SRIRACHA ODER EINE ANDERE CHILISAUCE
1 TL KNOBLAUCHPULVER
1 TL PAPRIKAPULVER ODER RAUCHPAPRIKAPULVER
½ EL FRISCH GEMAHLENER PFEFFER

1. Bei der Aubergine die Enden abschneiden und die Aubergine längs halbieren. Mit der Schnittfläche nach unten auf ein Brett legen und in lange, (ca. 3 mm) dünne Scheiben schneiden. Sie können auch eine Mandolinenreibe verwenden, aber dann sollten Sie darauf achten, dass die Scheiben nicht zu dünn werden, denn sonst verbrennen sie. Auf ein mit Backpapier ausgelegtes Backblech legen.
2. Für die Marinade alle übrigen Zutaten in einer kleinen Schale verrühren. Die Menge an Liquid Smoke und Rauchpaprikapulver bestimmt, wie rauchig das Aroma der Marinade wird. Entscheiden Sie nach Geschmack, tasten Sie sich vorsichtig heran. Auch die Chilisauce sorgt für viel Aroma, auch hier können Sie nach Geschmack dosieren.
3. Auberginenscheiben auf beiden Seiten mit der Marinade einpinseln und das Blech bei 200 °C in den Ofen stellen.
4. Ca. 10 Minuten backen, dann die Scheiben erneut einpinseln, wenden und auch auf der anderen Seite mit Marinade versehen. Noch ca. 10 Minuten backen. Die Backzeit richtet sich danach, wie dünn die Scheiben sind, passen Sie also auf – sie sollen goldbraun sein mit leicht knusprigen Rändern, aber nicht schwarz.

Zucchinitaler

Menge: 10 Taler

    1 GROßE ZUCCHINI
    SALZFLOCKEN
    90 G KICHERERBSENMEHL
    100 ML WASSER
    1 TL PAPRIKAPULVER
    1 TL GEMAHLENE KURKUMA
    ½ TL FRISCH GEMAHLENER PFEFFER
    ½ TL CHILIFLOCKEN ODER CHILIPULVER
    1 EL NEUTRALES ÖL

1. Auf einer Reibe Zucchini reiben, in ein Sieb oder einen Durchschlag geben und mit einer reichlichen Prise Salzflocken vermengen. 10–15 Minuten oder länger abtropfen lassen. Mit den Händen die Flüssigkeit aus der Zucchinimasse drücken.
2. Kichererbsenmehl und Wasser in eine Schüssel geben und mit einer Gabel verrühren. So lange quellen lassen, wie die Zucchinimasse abtropft. Je länger, desto besser! So gelingt Ihnen eine leckere, saftige Konsistenz.
3. In den Kichererbsenteig die Gewürze, eine Prise Salzflocken und Öl einrühren, bevor Sie die Zucchini hinzufügen.
4. Bei mittlerer Hitze neutrales Öl in einer Pfanne erhitzen und kleine Kleckse (je 1 EL Teig) in die Pfanne geben. 4–5 Minuten goldbraun braten und dabei nicht bewegen. Dann wenden und auf der anderen Seite ebenfalls braten.
5. Sie können sie heiß oder kalt servieren oder auch in der Pfanne wieder aufwärmen.

Chimichurri

Menge: ca. 400 ml fertige Sauce

    2 GROßE BUND FRISCHE GLATTE PETERSILIE
    1 GROßE HANDVOLL KORIANDER
    1 TL GETROCKNETER ODER 2 EL FRISCHER THYMIAN
        UND/ODER OREGANO
    1 JALAPEÑO ODER GRÜNER CHILI
    1 KLEINE SCHALOTTE ODER 2 EL FEIN GEHACKTE
        GELBE ZWIEBEL

    3–4 KNOBLAUCHZEHEN
    150 ML ROTWEINESSIG
    100–150 ML OLIVENÖL EXTRA VERGINE
    1–2 TL CHILIFLOCKEN
    1 TL SALZFLOCKEN
    1 TL GROB GEMAHLENER PFEFFER

1. Petersilie und Koriander waschen – ggf. auch frischen Thymian oder Oregano – und fein hacken.
2. Jalapeño/Chili, geschälte Schalotte und geschälten Knoblauch ebenfalls fein hacken.
3. Alle Zutaten in einer Schüssel mischen. Die Sauce sollte leicht flüssig sein. Bei Bedarf können Sie etwas mehr Olivenöl hinzufügen.
4. In einem Glas im Kühlschrank aufbewahren.

Kichererbsencreme mit Curry

Menge: ca. 300 ml fertige Creme

    1 DOSE GEKOCHTE KICHERERBSEN
    3 FRÜHLINGSZWIEBELN, EVTL. ¼ STANGE LAUCH
    KORIANDER NACH GESCHMACK
    2 TL CURRYPULVER
    4 EL AIOLI (REZEPT SIEHE S. 33), NEUTRALE CASHEW-
        CREME (REZEPT SIEHE S. 123) ODER ½ AVOCADO
    SAFT VON ½–1 LIMETTE
    SALZFLOCKEN UND PFEFFER

1. Möchten Sie die Aioli selbst zubereiten, finden Sie das Rezept auf S. 33. Sie können ruhig nur die Hälfte der Knoblauchmenge nehmen, wenn die Aioli für die Sandwiches sein soll. Statt Aioli können Sie auch Avocado verwenden, das schmeckt anders, aber auch gut.
2. Ich empfehle, große, weiche Kichererbsen zu verwenden. Abspülen und in eine Schüssel füllen. Mit einer Gabel grob zerdrücken.
3. Frühlingszwiebeln und Koriander fein hacken und in die Schüssel geben, mit Currypulver, Aioli, Limettensaft und Salzflocken verrühren. Mit Salz, Pfeffer und evtl. Limettensaft abschmecken.
4. In einem luftdicht verschließbaren Glas hält sich die Creme im Kühlschrank bis zu 1 Woche.

Cashewdressing in (mindestens) drei Varianten

Menge: ca. 300 ml fertiges Dressing pro Rezept

Dem Grundrezept des Cashewdressings können Sie verschiedene Aromen hinzufügen; Ihrer Fantasie sind keine Grenzen gesetzt! Wenn Sie mehrere Varianten zubereiten möchten, aber keine größere Menge, können Sie das Grundrezept auch aufteilen und die Zutatenmengen der Varianten entsprechend anpassen.

Grundrezept

- 250 G UNGESALZENE CASHEWKERNE
- 200–250 ML WASSER
- 1 PRISE SALZFLOCKEN

Knoblauchdressing

- 1 GRUNDREZEPT
- 2–5 KNOBLAUCHZEHEN (ENTWEDER ROH ODER IM OFEN GEBACKEN)
- 1–2 TL FRISCH GEPRESSTER ZITRONENSAFT

Frische Kräuter

- 1 GRUNDREZEPT
- 4 EL FEIN GEHACKTE FRISCHE KRÄUTER (Z. B. ROSMARIN, THYMIAN, OREGANO, PETERSILIE, BASILIKUM, DILL)
- 3 EL FRISCH GEPRESSTER ZITRONENSAFT
- 2 EL OLIVENÖL EXTRA VERGINE
- 2 KNOBLAUCHZEHEN
- 2 TL WEISSES MISO
- 2 TL DIJONSENF
- 1 TL ZWIEBELPULVER

Chipotle oder Chili

- 1 GRUNDREZEPT
- 2 EL FRISCH GEPRESSTER ZITRONENSAFT
- 1 EL AGAVENDICKSAFT ODER AHORNSIRUP
- 2–3 CHIPOTLE CHILIS IN ADOBOSAUCE (+ ETWAS ZUSÄTZLICHE SAUCE) ODER 1–2 EL SRIRACHA
- 1 TL OLIVENÖL EXTRA VERGINE

1. Für das Grundrezept die Cashewkerne entweder über Nacht einweichen oder 10 Minuten kochen. Sie müssen richtig weich sein, damit Sie eine schön cremige Konsistenz erhalten.
2. Kerne abspülen, mit Wasser und Salzflocken in den Mixer geben.
3. Danach die Zutaten für die gewünschte Geschmacksrichtung hinzufügen und zu einer glatten Sauce pürieren. Denken Sie daran, zwischendurch immer wieder abzuschmecken, vor allem bei Salz, Zitronensaft und Agavendicksaft/Ahornsirup.
4. Alle Dressings lassen sich im Kühlschrank im Glas bis zu 1 Woche aufbewahren.

Empfohlene Beilagen

- FRISCHER GRÜNER SALAT, AM BESTEN VERSCHIEDENE SORTEN
- GURKEN IN DICKEN, SCHRÄGEN SCHEIBEN
- FRISCHE TOMATEN IN DICKEN SCHEIBEN
- AVOCADO
- ROTE ZWIEBELN IN ZITRONENMARINADE (REZEPT SIEHE S. 85)
- EVTL. BUTTER, WENN DIE SAUCEN NICHT REICHEN
- GEGRILLTES GEMÜSE: PAPRIKA, PILZE, BLUMENKOHL, ZUCCHINI

Vorbereiten?

In diesem Kapitel lässt sich sozusagen alles – ganz einfach – vorbereiten. Das Brot schmeckt am besten frisch gebacken, aber es lässt sich auch am Vortag backen. Die Saucen können zubereitet und im Kühlschrank aufbewahrt werden, und das gilt auch für die Kichererbsencreme mit Curry, die sich gut und gerne eine Woche lang hält. Nur die Zucchinitaler und die Auberginenscheiben sollten frisch gebraten sein.

Gemeinsam zubereiten?

Sie planen eine Sandwich-Party? Dann legen Sie los und bereiten Sie die Lieblingsvarianten Ihrer Gäste zu!

1. Wenn Sie selbst gebackenes Brot verwenden möchten, beginnen Sie damit.
2. Kichererbsencreme und Dressings lassen sich früh zubereiten und halten sich gut.
3. Wer Pommes dazu mag, kann die Kartoffeln schneiden und in kaltes Wasser einlegen und dann im Ofen backen, wenn die Auberginenscheiben dran sind, oder kurz vorher. Man kann sie unter dem Blech mit den Auberginen warm halten.
4. Als Letztes werden die Zucchinitaler gebraten, während die Auberginenscheiben im Ofen sind und das frische Grünzeug vorbereitet und auf den Tisch gestellt wird.

Aus anderen Kapiteln

Dies ist wahrscheinlich das Kapitel im Buch, das am meisten von den anderen Kapiteln profitiert, weil alles zu den Sandwiches passt. Aus dem *Sushi*-Kapitel können Sie den panierten, frittierten Tofu verwenden, aus dem *Meze*-Kapitel Falafeln, Hummus, Muhamarra und gegrilltes Gemüse. Wenn Sie in Stimmung für ein Salsa-Sandwich sind, nehmen Sie die Saucen aus dem *Taco*-Kapitel (Kombinationen der Saucen mit anderen Geschmäcken auf eigene Gefahr! Das wurde nicht alles getestet). Vom *Englischen Frühstück* können Sie das Brotrezept verwenden – wenn Sie ein etwas rustikaleres Brot möchten – und auch das gegrillte Gemüse, die salzig gebratenen Tofu-Scheiben und/oder den Schokoladenbelag für Dessert-Sandwiches. Statt des Cashewdressings lässt sich auch die Aioli aus dem Kapitel *Erst Antipasti, dann Lasagne* (die ist wirklich lecker!) nehmen.

ENGLISCHES FRÜHSTÜCK

Für die Sonntage, an denen es etwas
Besonderes sein darf.

ØYSTEINS FRÜHSTÜCK

Das Frühstück ist die wichtigste Mahlzeit des Tages, heißt es. Kann sein, dass das stimmt. Vor allem aber kann und sollte es die gemütlichste Mahlzeit des Wochenendes sein. Uns ist das Wochenendfrühstück heilig, da verstehen wir keinen Spaß. Wir verwenden viel Zeit darauf, es vor- und zuzubereiten, im Kamin brennt ein Feuer, der Tisch wird schön gedeckt, wir hören Radio, sprechen mit den Katzen und lesen Zeitung. Am Ende geht es vor allem darum, einen ruhigen, entspannenden, schönen und leckeren Start in den Samstag oder Sonntag zu haben, bevor passiert, was passieren soll (und wir haben immer viele Pläne für das Wochenende). Tatsächlich nehmen wir uns oft so viel Zeit für das Frühstück, dass ich uns einen Smoothie mache, den wir trinken können, während wir das Frühstück zubereiten, denn ich finde, das sollte man nicht mit leerem Magen machen.

Mein Mann Øystein liebt englisches Frühstück, was streng genommen ein Mittagessen zur Frühstückszeit ist. Die klassischen Varianten enthalten natürlich massenhaft Eier, Bacon und Würstchen, was aber nicht heißt, dass wir nicht auch einen großen Teller voller leckerer Speisen zubereiten können, die unheimlich satt machen – ganz ohne diese Zutaten.

> **Tatsächlich nehmen wir uns oft so viel Zeit für das Frühstück, dass ich uns einen Smoothie mache, den wir trinken können, während wir das Frühstück zubereiten, denn ich finde, das sollte man nicht mit leerem Magen machen.**

Unser englisches Frühstück enthält selbst gebackenes Brot, bei dem der Teig nicht geknetet werden muss, aus zerstoßenen Leinsamen und Malzextrakt (herausschmecken werden Sie es nicht, es sorgt aber für reichlich Omega-3-Fettsäuren und Vitamin B). Schokoaufstrich aus Haselnüssen und dunkler Schokolade, gebratene Pilze, gebackene Tomaten mit massenhaft Umami, salzig gebratener Tofu, Rösti und natürlich Bohnen in Tomatensauce mit einem Hauch Worcestersauce (die man übrigens auch gut kalt auf einem Sandwich essen kann). Sie finden hier ganz einfach sündige Kombinationen aus Süßem, Salzigem, Säuerlichem, Knusprigem und Weichem! Ein Klassiker dazu ist Orangensaft und klassischerweise ebenso eine Tasse Tee, auch wenn wir Kaffee bevorzugen. Butter, Salz und Pfeffer machen sich auch gut auf dem Tisch, und vielleicht sogar – ob Sie es glauben oder nicht – etwas frisches, knackiges Gemüse wie Gurken, Möhren oder Rettich.

Knetfreies Brot

Menge: 3 Brote

- 150 G GESIEBTES WEIZENMEHL + 350–400 G WEIZEN-MEHL FÜR DEN ZWEITEN SCHRITT
- 75 G WEIZENSCHROT
- 75 G ROGGENSCHROT
- 300 G DINKEL- ODER ROGGENMEHL
- 2 ½ TL TROCKENHEFE
- 1 GROSSER EL MALZEXTRAKT
- 200 ML KOCHENDES WASSER
- 800 ML KALTES WASSER
- 1–2 EL MEERSALZ
- 40 G GEMAHLENE LEINSAMEN
- BUTTER UND 2 EL WEIZENMEHL ZUM FETTEN DER FORM

1. Ich setze den Teig entweder am Vorabend oder früh am Morgen an, denn er sollte 8–10 Stunden stehen, bevor Sie weitermachen können. Mehl und Schrot in einer großen Backschüssel (am besten mit Deckel) vermengen. Hefe untermischen.
2. Malzextrakt in einen Messbecher geben, mit kochendem Wasser begießen und umrühren, bis sich der Malzextrakt aufgelöst hat. Mit kaltem Wasser auffüllen, dabei die Temperatur prüfen – die Flüssigkeit sollte handwarm sein.
3. Flüssigkeit zur Mehlmischung in die Schüssel gießen und unterrühren. Das Ganze sollte die Konsistenz eines dünnen Breis haben.
4. Schüssel abdecken und an einem lauwarmen Ort 8–10 Stunden stehen lassen.
5. Nachdem die Masse es sich eine Weile lang gemütlich machen durfte, Weizenmehl für den zweiten Schritt, Salz und Leinsamen unterrühren. Die Konsistenz sollte immer noch „lose" sein, aber nicht mehr „suppenartig".
6. Drei Brotbackformen mit Butter einfetten und gründlich an allen Seiten mit Mehl ausstreuen. Brotteig mithilfe eines Teigschabers auf die Formen verteilen.
7. Die Brote am besten unter einem Handtuch nochmal 45–60 Minuten gehen lassen.
8. Im Ofen bei 200 °C ca. 1 Stunde backen. Die Oberfläche sollte schön braun sein. Formen aus dem Ofen nehmen und auf ein Gitter stürzen. Wenn Sie auf die Unterseite klopfen, sollten Sie ein hohles Geräusch hören.
9. Mindestens 10 Minuten abkühlen lassen, bevor Sie es in Scheiben schneiden. Die Brote lassen sich auch gut einfrieren.

Bohnen in Tomatensauce

Menge: ca. 1 l

- 1 GELBE ZWIEBEL
- 2–3 KNOBLAUCHZEHEN
- SALZFLOCKEN UND PFEFFER
- 2 TL NEUTRALES ÖL
- 2 EL TOMATENMARK
- 1 EL (VEGANE) WORCESTERSAUCE
- 4 EL KOKOSBLÜTENZUCKER ODER BRAUNER ZUCKER
- 1 EL APFELESSIG
- 350 G GEHACKTE/PASSIERTE TOMATEN
- 2 LORBEERBLÄTTER
- 100 ML WASSER (UM DIE DOSEN AUSZUSPÜLEN)
- 2 DOSEN WEISSE BOHNEN (KLEINE ODER GROSSE) (À 400–480 G ABTROPFGEWICHT)

1. Zwiebel und Knoblauch schälen, fein hacken und mit einer Prise Salz und Öl bei mittlerer Hitze in einem Topf mit dickem Boden anschwitzen, bis sie goldgelb sind (5–8 Minuten).
2. Tomatenmark, Worcestersauce, Zucker und Apfelessig verrühren und in den Topf geben. Aufkochen lassen, dann 5–6 Minuten köcheln lassen, bevor Sie gehackte Tomaten und Lorbeerblätter hinzufügen. Die Tomatendosen mit 100 ml Wasser ausspülen und das Wasser ebenfalls in den Topf geben.
3. Bohnen abspülen und hinzufügen. Mindestens 15–20 Minuten köcheln lassen. Mit Salz und Pfeffer abschmecken.

Salzig gebratene Tofu-Scheiben

Menge: ¼–½ Packung Tofu pro Person

NEUTRALES ÖL
1–2 PACKUNGEN FESTER TOFU
RAUCHPAPRIKAPULVER (KANN WEGGELASSEN WERDEN)
SOJASAUCE (1–2 EL PRO PACKUNG TOFU)

1. In eine Pfanne so viel neutrales Öl füllen, dass der Boden gleichmäßig bedeckt ist. Auf fast höchster Stufe erhitzen (Dunstabzug anschalten!).
2. Tofu abgießen und in 3–4 mm dicke Scheiben schneiden. Die Scheiben in der Pfanne von einer Seite ca. 4–5 Minuten goldbraun braten und dabei nicht bewegen. Erst dann wenden.
3. Wenn die Scheiben auf beiden Seiten schön gebräunt sind, mit Rauchpaprikapulver bestreuen und mit Sojasauce beträufeln. Achtung, es bildet sich viel Dampf! Die Tofu-Scheiben auf einer Seite 30 Sekunden braten, dann werden sie gewendet und auf der anderen Seite nochmals 30 Sekunden angebraten.

Gegrillte Tomaten und Pilze

Menge: genug für alle!

PRO PERSON 4–5 AUSTERNPILZE ODER ANDERE PILZE
PRO PERSON 1 TOMATE
OLIVENÖL EXTRA VERGINE ODER EIN NEUTRALES ÖL
SALZFLOCKEN

1. Pilze putzen und, falls sie groß sind, in kleinere Stücke zerrupfen (ich mag im Ganzen gebratene Pilze am liebsten). Tomaten waschen und halbieren.
2. Tomaten mit der Schnittfläche nach oben in eine feuerfeste Form legen, mit ein paar Tropfen Olivenöl beträufeln, mit Salz bestreuen und bei 200 °C in den Ofen stellen. Die Tomaten können lange im Ofen stehen – je länger, desto besser –, sie sollten mindestens 20–30 Minuten bekommen. Sie können sie auch in einer Grillpfanne braten.
3. Die Pilze können Sie entweder im Ofen oder in der Pfanne braten. Im Ofen: Pilze zu den Tomaten in die feuerfeste Form legen, mit etwas Olivenöl und Salz vermengen. In der Pfanne: Ein neutrales Öl verwenden, die Pilze goldbraun braten und zum Schluss mit Salzflocken bestreuen.

Schokoaufstrich

Menge: 250 ml fertiger Aufstrich

200 G ROHE HASELNÜSSE (GESCHÄLT)

50 G DUNKLE SCHOKOLADE

½ TL SALZFLOCKEN

¼ TL VANILLEPULVER ODER VANILLEEXTRAKT

1. Haselnüsse auf ein mit Backpapier ausgelegtes Backblech legen und im Ofen bei 180 °C 8–10 Minuten rösten, bis die Häute aufplatzen.
2. Mit einem Handtuch den Großteil der losen Häute abreiben.
3. Nüsse in einen leistungsstarken Mixer oder die Küchenmaschine geben und mahlen. Zwischendurch die Nüsse von den Seiten der Schüssel lösen. So lange mahlen, bis eine glatte Masse entstanden ist (die Nüsse verlieren Öl, wenn sie gemahlen werden).
4. Schokolade fein hacken und mit Salz und Vanille zu den Nüssen in den Mixer geben. Mixen, bis die Schokolade geschmolzen und vermengt ist.
5. Den Aufstrich in ein sauberes Glas umfüllen. Im Kühlschrank aufbewahren.

Rösti aus rohen Kartoffeln

Menge: 1 pfannengroße Rösti/ca. 4 Portionen

3-4 GROßE, FESTKOCHENDE KARTOFFEL

EISKALTES WASSER

1 PRISE SALZFLOCKEN

1 PRISE GROB GEMAHLENER PFEFFER

1 PRISE CHILIPULVER ODER CAYENNEPFEFFER

NEUTRALES ÖL ODER PFLANZENBASIERTE BUTTER

1. Kartoffeln entweder von Hand auf einer Reibe oder mit einem Reibeaufsatz auf der Küchenmaschine grob reiben. Je gröber, desto besser!
2. Die geriebenen Kartoffeln sofort in eine Schüssel mit eiskaltem Wasser geben und mit der Hand umrühren, bis das Wasser weiß geworden ist. 2–3 Minuten im Wasser liegen lassen. Dabei verlieren die Kartoffeln viel Stärke – der Schlüssel zu einer knusprigen Kruste und einem weichen Kern.
3. Wasser abgießen und die Kartoffeln in ein Küchenhandtuch wickeln. Sämtliches Wasser ausdrücken, die Kartoffeln im Handtuch kurz auflockern und dann nochmals ausdrücken.
4. Geriebene Kartoffeln in eine trockene Schüssel umfüllen und mit den Gewürzen vermengen. Dabei darauf achten, dass alles gleichmäßig verteilt ist.
5. In einer Pfanne mit Anti-Haft-Beschichtung eine dünne Schicht Öl auf mittlerer/hoher Stufe erhitzen und die Kartoffeln darin in einer gleichmäßigen Schicht verteilen. Vorsichtig andrücken. Dann nicht mehr anfassen, bis Sie sehen, dass die Rösti am Rand braun wird.
6. Mit einem dünnen Pfannenwender die Rösti in kleinere Stücke zerteilen und wenden, sodass diese auch auf der anderen Seite gebräunt wird. Die Stücke braten und zwischendurch immer wieder wenden, bis sie gleichmäßig braun sind.
7. Auf einer mit Küchenpapier ausgelegten Platte abtropfen lassen, dann mit Salzflocken bestreuen.

Tofu-Scramble

Menge: ca. 2–4 Portionen

1 GELBE ZWIEBEL

2-3 EL RAPSÖL

1 HANDVOLL SEITLINGE ODER ANDERE PILZE

2-3 KNOBLAUCHZEHEN

250 G FESTER TOFU

1 EL TOMATENMARK

1 GROßE TOMATE, GROB GEHACKT

3-4 EL NÄHRHEFE

1 TL GEMAHLENE KURKUMA

½ TL RAUCHPAPRIKAPULVER (KANN WEGGELASSEN WERDEN)

FRISCH GEMAHLENER PFEFFER

1-2 EL SOJASAUCE

1. Zwiebel schälen, fein hacken und in 1 EL Rapsöl bei mittlerer/starker Hitze in einer Pfanne glasig anschwitzen. Pilze und geschälten, klein gehackten Knoblauch hinzufügen, 3–4 Minuten anschwitzen.
2. Mit den Händen den Tofu in Stücke rupfen und in die Pfanne geben. 6–7 Minuten goldgelb braten, evtl. mehr Öl in die Pfanne geben, falls sie zu trocken wird.
3. Tomatenmark hinzufügen, umrühren. Dann Tomate, Nährhefe, Kurkuma, Rauchpaprika und Pfeffer zugeben. 3–4 Minuten braten.
4. Zum Schluss mit Sojasauce begießen, gut umrühren. Fertig zum Servieren! Falls nötig, können Sie das Gericht auch in der Pfanne warm halten.

Vorbereiten?

Natürlich ist es schön, sich für die Zubereitung des Frühstücks viel Zeit zu lassen, doch allzu lange darf es auch nicht dauern! Das Brot braucht eine Nacht zum Gehen, das sollten Sie also ohnehin vorbereiten. Das gilt auch für den Schokoaufstrich, den können Sie jederzeit zubereiten (und natürlich auch jederzeit essen). Bohnen in Tomatensauce lassen sich prima vorbereiten und dann aufwärmen oder kalt essen, während Tofu, Rösti oder Ofengemüse am besten schmecken, wenn sie frisch aus der Pfanne bzw. dem Ofen kommen.

Gemeinsam zubereiten?

Wenn Sie aus dem Vollen schöpfen und ein Full English Breakfast zubereiten möchten – allein oder im Team –, empfehle ich diese Reihenfolge:

1. Brot, Schokoaufstrich und Tomatenbohnen können Sie gut vorher zubereiten.
2. Wenn Sie keine Tomatenbohnen vorbereitet haben, beginnen Sie damit. Sie werden nur besser, je länger sie stehen. Wenn die Bohnen erst einmal fertig sind, können Sie sie ganz schnell im Topf aufwärmen.
3. Die Tomaten brauchen etwas Zeit im Ofen und können dort auch warm gehalten werden, wenn sie fertig sind. Das gilt auch für die Pilze.
4. Wenn Sie zwei Pfannen besitzen, können Sie Tofu-Scramble und salzig gebratene Tofu-Scheiben nacheinander in der einen, und die Rösti parallel in der anderen zubereiten. Bei nur einer Pfanne sollten Sie in der Reihenfolge Tofu-Scramble, Rösti und Salztofu vorgehen.
5. Es gibt auch eine vereinfachte Variante des Tofu-Scramble ohne Pilze und Tomaten. Dann lassen Sie Pilze, Tomatenmark und gehackte Tomaten einfach weg und bereiten das Gericht ansonsten wie beschrieben zu.

Aus anderen Kapiteln

Aus dem *Sandwich*-Kapitel können Sie mehrere Rezepte übernehmen, auch wenn das Frühstück dadurch weniger englisch wird (aber das ist ja das Schöne an freien Entscheidungen, nicht wahr?). Dort finden Sie ein Rezept für helles Brot (oder ehrlicherweise Weißbrot) und mehrere Dressings. Die Kichererbsencreme mit Curry macht sich auch gut auf dem hier beschriebenen Brot. Und wenn Sie genauso auf Aioli stehen wie ich, können Sie das Rezept aus dem *Antipasti*-Kapitel nehmen.

DO-IT-YOURSELF-PIZZA-PARTY!

Nie wieder über den Pizzabelag streiten!

PIZZA SCHMECKT AM BESTEN, WENN JEDER SEINE SELBST BELEGT

Wer schon einmal in der Küche eine Diskussion darüber geführt hat, was auf die Pizza soll, und am Ende die Pizza halb und halb belegt hat, hebe jetzt die Hand. Ich bin sicher nicht die einzige, die das schon erlebt hat. Die Lösung ist so einfach wie offensichtlich: Jeder bekommt seine eigene Pizza und entscheidet selbst über Boden und Belag.

Wer wie ich in den Achtziger- und Neunzigerjahren aufgewachsen ist, hat wahrscheinlich das gleiche Verhältnis zu Pizza wie ich. Ein dicker Boden, mindestens so dick wie der Belag, Tomatenmark, Fleischsauce und ein bisschen Käse (ganz normaler gelber Käse, natürlich). Und wenn wir es so richtig krachen lassen wollten: bestreut mit getrocknetem Oregano. My oh my! Für mich war samstags Pizzatag, und es war gleich in doppelter Hinsicht ein besonderer Tag. Nicht nur, dass es Pizza gab, wir durften sie auch im Wohnzimmer essen. Mit den Händen!

Seitdem haben sich meine Pizza-Partys ein wenig verändert. Jedenfalls in Bezug auf die Art der Pizza, die serviert wird. Aber es darf gerne immer noch ein Samstag sein, und man kann sie auch gerne auf der Couch essen – nichts spricht dagegen. Um Diskussionen zu vermeiden, ob die Pizza so oder so aussehen soll oder ob es einen Kompromiss geben soll, der eigentlich niemandem richtig schmeckt, bekommt jeder seine eigene Pizza und belegt sie ganz nach dem eigenen Geschmack. Für ein friedliches Miteinander und satte, zufriedene Esser. Welch ein Glück!

Die Zubereitung einer veganen Pizza unterscheidet sich gar nicht so sehr von der aller anderen Pizzen. Dennoch gilt es ein paar Dinge zu beachten, damit Sie den Käse kein Stück vermissen (denn mit dem Käse steht und fällt für viele die Pizza, das war bei mir früher auch so). Erstens: Ein dünner, knuspriger Boden ist wichtig. Zweitens: eine Sauce mit „Wow-Geschmack", sehr, sehr dünn auf den Boden aufgetragen. Und drittens: Gemüse, das erhitzt wurde. Zum einen entfaltet es dann all sein wunderbares Aroma, zum anderen weicht die Pizza nicht durch die ganze Flüssigkeit aus dem Gemüse durch. Zum Schluss noch Toppings in zwei Variationen: zum Bestreuen vor dem Backen und danach. Einige Varianten, wie z. B. Pesto oder Cashewsauce, können Sie auch vorher oder nachher auftragen. Oder vor- und nachher!

Genauso ist auch dieses Kapitel aufgebaut: von unten nach oben. Vom Boden bis zum Belag. Was meinen Sie, wie viele Pizza-Varianten Sie aus diesen Rezepten zusammenstellen können? Wahrscheinlich Tausende!

Ein Tipp: Diese Cashewsauce unterscheidet sich, auch wenn sie ähnlich aussieht, völlig von den anderen Varianten in diesem Buch. Der Grund ist so einfach wie wahr: der Knoblauch, der vorab in Olivenöl konfiert wird – einfach himmlisch! Es soll schon vorgekommen sein, dass gewisse Leute (z. B. Fotografen) die Sauce pur gelöffelt haben. Seien Sie also vorgewarnt.

■■ Was meinen Sie, wie viele Pizza-Varianten Sie aus diesen Rezepten zusammenstellen können? Wahrscheinlich Tausende!

Feiner Pizzateig

Menge: genug für 2 Backbleche/8 kleinere Pizzen

300 ML HANDWARMES WASSER
50 ML OLIVENÖL EXTRA VERGINE
½ EL ZUCKER
½ TL FRISCHE HEFE ODER TROCKENHEFE
500 G PIZZAMEHL ODER TIPO-00-MEHL
½ EL MEERSALZ

1. Küchenmaschine mit Knethaken bereitstellen oder die Ärmel hochkrempeln.
2. Wasser, Öl, Zucker und Hefe verrühren, bis die Hefe sich aufgelöst hat.
3. Dann Mehl und Salz (in mehreren Portionen) hinzufügen.
4. Teig in der Maschine bei niedriger Geschwindigkeit 10–15 Minuten kneten, bis er fest und glatt ist. Er sollte sich leicht aus der Schüssel lösen. Evtl. mit Wasser oder Mehl anpassen, falls dies nicht der Fall ist.
5. Zugedeckt 1 Stunde an einem warmen Ort gehen lassen, am besten im Ofen bei eingeschaltetem Licht (ohne Hitze). Er sollte seine Größe verdoppeln.
6. Teig aus der Schüssel stürzen und halbieren. Die Hälften jeweils zu Kugeln formen.
7. Wenn Sie den Teig nicht sofort verarbeiten, die Kugeln in eine Schale oder auf eine Platte legen, abdecken und in den Kühlschrank stellen.
8. Wenn Sie den Teig sofort verarbeiten: Mit den Händen oder einem Nudelholz passend für die Form des Backbleches ausrollen bzw. formen.

Rustikaler Pizzateig

Menge: genug für 2 Backbleche/8 kleinere Pizzen

400–450 ML HANDWARMES WASSER
2 EL OLIVENÖL EXTRA VERGINE
2 TL TROCKENHEFE
250 G WEIZENVOLLKORNMEHL
250 G GESIEBTES WEIZENMEHL
1 TL SALZFLOCKEN

1. Wasser, Olivenöl und Hefe verrühren, bis die Hefe sich aufgelöst hat.
2. Weizenvollkornmehl und Mehl mit Salzflocken vermengen.
3. In das Mehl in der Schüssel eine Mulde drücken, die Flüssigkeit hineingeben, dann alles gründlich kneten, bis Sie einen glatten, geschmeidigen Teig haben. Wegen des gröberen Mehls lässt er sich etwas schwieriger kneten als der helle Teig.
4. Jetzt den Teig in der Schüssel abdecken und mindestens 1 Stunde gehen lassen, am besten im Ofen bei eingeschaltetem Licht (ohne Hitze).
5. Teig halbieren, um ihn auszurollen oder im Kühlschrank aufzubewahren und später zu verarbeiten.

Tomatensauce

Menge: ca. 1 l Sauce

- 2 ROTE ZWIEBELN
- 1 TL SALZFLOCKEN
- OLIVENÖL EXTRA VERGINE
- 4–6 KNOBLAUCHZEHEN
- 1 REICHLICHE PRISE CHILIFLOCKEN
- 4 DOSEN GEHACKTE TOMATEN
- CA. 500 ML WASSER
- 2 TL ZUCKER ODER AGAVENDICKSAFT
- 3 LORBEERBLÄTTER
- 1 TL PAPRIKAPULVER

1. Zwiebeln schälen und entweder mit einem Messer oder auf einer Mandolinenreibe in dünne Scheiben schneiden.
2. Mit einer Prise Salz und einem Spritzer Olivenöl in einen Topf mit dickem Boden geben. Bei mittlerer Hitze ca. 10 Minuten anschwitzen, bis die Zwiebeln weich sind und zu karamellisieren beginnen. Zwischendurch rühren.
3. Knoblauchzehen schälen, reiben oder fein hacken, dann mit den Chiliflocken zu den Zwiebeln geben. Ein paar Minuten braten.
4. Danach Tomaten hinzufügen. Dosen mit ein paar hundert Milliliter Wasser ausspülen und das Wasser zur Sauce geben. Salz, Zucker, Lorbeerblätter und Paprikapulver hinzufügen und bei schwacher Hitze köcheln lassen, mindestens 15–20 Minuten, gerne auch 2 Stunden, wenn Sie so viel Zeit haben (sie wird nur besser, je länger sie kocht). Mit Salz und Zucker abschmecken.
5. Sie können die Sauce einfrieren. Sie eignet sich für Pizza und Pasta, aber auch als Basis für einen Eintopf.

Weiße Pizzasauce

Menge: ca. 300 ml Sauce

- 3–4 KNOBLAUCHZEHEN
- 2 TL FEIN GEHACKTER FRISCHER THYMIAN
- 2 EL OLIVENÖL EXTRA VERGINE
- ½ EL ABGERIEBENE ZITRONENSCHALE
- 1 EL FRISCH GEPRESSTER ZITRONENSAFT
- 2 EL WEISSWEIN (NACH GESCHMACK)
- 1 DOSE PFLANZENBASIERTE CRÈME FRAÎCHE (UNGESÜSST)
- SALZFLOCKEN UND PFEFFER

1. Knoblauch schälen, reiben oder hacken, Thymian fein hacken.
2. Zusammen mit Öl, Zitronenabrieb, Zitronensaft und ggf. Weißwein in die Crème fraîche rühren.
3. Mit Salz, Pfeffer, Zitronensaft und Thymian abschmecken.

Pesto mit Basilikum und sonnengetrockneten Tomaten

Menge: ca. 200 ml Pesto

- 3-4 KNOBLAUCHZEHEN
- 2 HANDVOLL FRISCHES BASILIKUM
- 4-5 EL PINIENKERNE
- 4-5 SONNENGETROCKNETE TOMATEN IN ÖL
- 3-4 EL OLIVENÖL EXTRA VERGINE
- MEERSALZ UND PFEFFER AUS DER MÜHLE

1. Ich bereite dieses Pesto mit einem Messer zu, weil ich es grob mag, aber Sie können natürlich auch einen Mixer verwenden.
2. Knoblauch schälen. Alle Zutaten so klein wie möglich schneiden und in einer Schüssel vermengen. Die Olivenölmenge anpassen, je nachdem wie dick oder flüssig Sie das Pesto mögen. Mit Salz und Pfeffer abschmecken. Möglicherweise brauchen Sie mehr Salz, als Sie denken.

Rucolapesto

Menge: ca. 200 ml Pesto

- 2 GROẞE HANDVOLL FRISCHER RUCOLA
- SALZFLOCKEN
- 50 G UNGESALZENE CASHEWKERNE
- 1 KNOBLAUCHZEHE
- OLIVENÖL EXTRA VERGINE
- 1 EL NÄHRHEFE (OPTIONAL)

1. Rucola waschen und mit Salz, Cashewkernen, geschältem Knoblauch und Olivenöl in einen Mixer oder eine Küchenmaschine geben.
2. Die Olivenölmenge danach anpassen, wie dick oder flüssig Sie das Pesto mögen.
3. Mit Knoblauch und Salz abschmecken.
4. Sie können auch 1 EL Nährhefe hinzufügen, für noch mehr Umami im Pesto.

Not parm – würziges Cashewpulver

Menge: ca. 300 ml

Dies ist eines meiner Lieblingstoppings, und ich bereite nie eine Pizza oder ein Pastagericht ohne zu! Es ist einfach zuzubereiten und lässt sich gut im Glas aufbewahren. Wenn es auf einer Pizza in den Ofen kommt, wird das Pulver leicht geröstet und bekommt so ein noch besseres Aroma!

- 150 G ROHE, UNGESALZENE CASHEWKERNE
- 3-4 EL NÄHRHEFE
- 1 TL SALZFLOCKEN
- ½-1 TL KNOBLAUCHPULVER

1. In einem Mixer oder einer Küchenmaschine alle Zutaten zu einem feinen Pulver vermahlen.
2. Trocken in einem luftdicht verschließbaren Glas aufbewahren.

Cashewcreme mit gebackenem Knoblauch

Menge: ca. 500 ml Sauce

Die Creme können Sie entweder vor dem Backen in Klecksen auf der Pizza verteilen oder auch erst darüberträufeln, wenn die Pizza aus dem Ofen kommt.

- 250 G UNGESALZENE CASHEWKERNE
- 4 KNOBLAUCHZEHEN
- 2 TL OLIVENÖL EXTRA VERGINE
- 4 EL NÄHRHEFE
- 2 TL WEIẞWEINESSIG
- SAFT VON 1 ZITRONE
- 1 TL SALZFLOCKEN
- 100-200 ML WASSER

1. Cashewkerne über Nacht einweichen oder 10 Minuten in Wasser kochen. Das Wasser abgießen.
2. Knoblauchzehen schälen, halbieren oder vierteln und bei schwacher Hitze in Olivenöl ca. 10 Minuten braten.
3. Alle Zutaten in einen Mixer oder eine Küchenmaschine geben und zu einer glatten, gleichmäßigen Konsistenz pürieren.
4. Über die Wassermenge, die Sie zugeben, entscheiden Sie, wie sämig die Sauce sein soll. Wenn Sie Kleckse auf die Pizza geben wollen, sollte sie etwas fester sein, als wenn Sie die Pizza damit beträufeln.

Diese Kombis mag ich besonders gerne:

- nur etwas Olivenöl extra vergine, Salzflocken, Pinienkerne und frischer Rosmarin
- grünes Pesto, frischer Spinat, grüner Spargel, Zucchini, Zwiebeln, Not parm und Basilikum
- Tomatensauce, Oliven, Kleckse aus grünem Pesto, Not parm, Pinienkerne und frischer Rucola
- Tomatensauce, Aubergine, Zucchini und Pfeffer
- Tomatensauce, gebackene Paprika und frischer Chili
- weiße Sauce, hauchdünne Kartoffelscheiben, Pinienkerne, Rosmarin und Thymian, Not parm und Pfeffer
- weiße Sauce, Pfifferlinge, Pinienkerne, Pfeffer und Not parm
- weiße Sauce, Porree, grob gehackte Haselnüsse und nach dem Backen Datteln
- weiße Sauce, dünne Kartoffelscheiben, sautierter Spinat, Koriandersaat
- weiße Sauce, marinierte Pilze und Rosenkohl, zum Schluss Cashewsauce

Gemüse und andere Beläge

Die Menge an Gemüse – und anderen Belägen – richtet sich danach, wie viele Personen satt werden sollen. Bedenken Sie, dass viele Zutaten schrumpfen, wenn sie erhitzt werden. Kein Problem, wenn Sie zu viel einplanen, es gibt fast nichts Besseres als eine Restepizza. Hier kommen meine Vorschläge für Gemüse und dafür, wie Sie es zu- oder vorbereiten sollten, damit Sie das Beste aus Ihrer Pizza herausholen. Es macht nichts, wenn das Gemüse wieder kalt geworden ist, bevor Sie es auf die Pizza legen.

ZWIEBELN – schmecken immer gut auf der Pizza, und noch besser, wenn sie vorher gebraten – und karamellisiert – werden. Die Zwiebeln so dünn wie möglich schneiden und in einer Pfanne mit ein wenig Öl, Salz und einem Lorbeerblatt (falls Sie eines haben) bei mittlerer Hitze braten, bis sie goldbraun, süß und lecker sind. Sie können gelbe oder rote Zwiebeln verwenden oder auch Schalotten.

KNOBLAUCH – kann gerne roh auf die Pizza kommen. Doch noch besser wird er, wenn Sie ihn in etwas dickere Scheiben schneiden und zunächst mit einem Spritzer Olivenöl extra vergine und einer Prise Salzflocken bei niedriger Hitze braten. Er erhält dann eine wunderbare Süße!

PORREE – Längs in dünne Scheiben schneiden, in einer Pfanne mit Olivenöl extra vergine, Salzflocken und Pfeffer braten, bis er schön weich ist.

SPINAT – kann frisch oder blanchiert verwendet werden. Wenn Sie ihn blanchieren möchten, Wasser aufkochen, den Spinat 2 Minuten hineingeben, das Wasser abgießen und den Spinat abschrecken. So viel Wasser wie möglich aus dem Spinat drücken.

GRÜNER SPARGEL – schmeckt überraschend gut auf einer Pizza! Längs halbieren oder vierteln und kurz in der Pfanne mit etwas Olivenöl extra vergine und einer Prise Salz bei starker Hitze braten, dann die Pizza damit belegen.

KARTOFFELN – eine meiner persönlichen Lieblingszutaten! Kartoffeln müssen nicht vorher erhitzt werden, Sie sollten sie aber waschen und in hauchdünne Scheiben schneiden (am besten auf einer Mandolinenreibe). Dann für mindestens 10 Minuten in eine Schüssel mit eiskaltem Wasser legen, bevor Sie die Pizza damit belegen.

ARTISCHOCKENHERZEN – etwas ungewöhnlich auf der Pizza, aber sehr lecker! Verwenden Sie Artischockenherzen aus der Dose und schneiden Sie sie in kleinere Stücke oder Scheiben.

PILZE – auch auf der Pizza der ultimative Umami-Lieferant. Alle Pilze eignen sich für Pizza, vor allem, wenn sie vorher eine Runde in etwas Öl in einer heißen Pfanne drehen durften und danach gesalzen wurden! Für eine Luxusvariante verwenden Sie die Marinade am Ende dieses Kapitels.

ZUCCHINI – Gesundes auf der Pizza. In hauchdünne Scheiben schneiden, am besten längs, und in ein paar Tropfen Öl braten, bis sie fast glasig und ganz weich sind.

AUBERGINEN – ungewöhnlich, aber lecker auf der Pizza! In hauchdünne Scheiben schneiden, am besten längs, dann mit Öl bepinseln, mit Salz bestreuen und im Ofen bei 200 °C ca. 15–20 Minuten backen (behalten Sie sie im Blick, die Dauer hängt von der Dicke der Scheiben ab).

TOMATEN – ein Klassiker auf der Pizza. Ich finde, sie schmecken am besten, wenn sie zunächst in Scheiben im Ofen gebacken wurden. Sie können auch Cherrytomaten nehmen, die mit der Schnittfläche nach unten in einer heißen Pfanne in etwas Olivenöl extra vergine mit einer Prise Salz gebraten wurden. Geradezu eine Umami-Party! Sie können auch sonnengetrocknete Tomaten nehmen und diese direkt auf die Pizza legen.

ROSENKOHL – Sie können ihn fein schneiden und roh auf die Pizza legen oder zunächst halbieren, mit der Schnittfläche nach unten in Olivenöl extra vergine und Salz braten, bis er weich und goldbraun ist. Oder Sie probieren mal den Marinaden-Tipp am Ende des Kapitels aus.

BROKKOLI – passt ganz hervorragend auf eine Pizza! Erhitzen müssen Sie ihn vorher nicht, aber in dünne Scheiben schneiden und in Olivenöl wenden, bevor Sie ihn auf die Pizza legen. Dann sorgt die Hitze dafür, dass er am Rand schön knusprig wird.

BLUMENKOHL – bereit für ein Experiment? Hierfür sollten Sie den Blumenkohl mit Strunk grob hacken, mit Olivenöl extra vergine und Salzflocken mischen und zunächst im Ofen ca. 20 Minuten weich werden lassen, damit er einen Großteil der Flüssigkeit verliert. Das Tüpfelchen auf dem i, das Karamellisieren, erfolgt dann direkt auf der Pizza.

PAPRIKA – können Sie roh verwenden, sie schmeckt aber auf jeden Fall besser, wenn sie zunächst gebacken wird. Paprika halbieren, Kerngehäuse entfernen, innen und außen mit einem neutralen Öl bepinseln und im Ofen bei hoher Temperatur grillen, bis die Haut schwarz ist. Sie können die Haut dann entweder abziehen oder dranlassen, ganz nach Geschmack. Sie können auch gebackene Paprika aus dem Glas nehmen.

OLIVEN – eine Umami-Bombe, wirklich schmackhaft auf der Pizza. Achten Sie darauf, Oliven ohne Stein zu nehmen, am besten Kalamata-Oliven, die vertragen die Hitze des Ofens am besten.

FRISCHER CHILI – Sowohl die milden Jalapeños als auch gewöhnlicher Chili wird am besten fein aufgeschnitten und vor dem Backen auf die Pizza gelegt.

NÜSSE UND KERNE – Pinienkerne auf der Pizza finde ich besonders gelungen, aber eigentlich schmecken alle Nüsse und Kerne gut: Walnüsse, Haselnüsse und Cashewkerne z. B. einfach grob hacken und dann die Pizza damit belegen.

RUCOLA UND FRISCHE KRÄUTER – noch ein i-Tüpfelchen auf der Pizza! Sie sollten die Pizza damit erst nach dem Backen belegen, für eine tolle Kombination aus gebackenen und frischen Zutaten.

GETROCKNETE KRÄUTER/GEWÜRZE – Getrocknete Kräuter wie Chiliflocken und Koriandersaat sind spannende Pizza-Aromen, aber dosieren Sie vorsichtig und nur zusammen mit dem Gemüse, von dem Sie wissen, dass es dazu passt.

UND DANN NOCH DIE ZUTATEN, DIE POLARISIEREN – und diese bitte auf eigene Gefahr, denn da werden wir uns sicher nicht einigen: Ananas, Mais, Banane (!), Avocado … Der Pizzafantasie sind keine Grenzen gesetzt!

Ein paar letzte Tricks ...

Möchten Sie Ihr Gemüse mit einer Extraportion Geschmack versehen, können Sie zum Braten oder Backen verschiedene Marinaden verwenden.

Marinade für Pilze: 1 EL Öl, 2 EL Sojasauce, ½ TL Rauchpaprikapulver, Salzflocken und Pfeffer verrühren. Pilze in dünne Scheiben schneiden, in der Marinade wälzen und im Ofen backen.

Marinade für Rosenkohl: 2 EL Dijonsenf, 1 EL Agavendicksaft oder Ahornsirup, 1 EL Öl und 1 reichliche Prise Salz mischen und mit dem Gemüse vermengen, bevor es im Ofen gebacken wird.

Und dann: Ab in den Ofen!

Wie Sie die Pizza backen, ist das A und O für ein gutes Ergebnis. Ein guter Teig und leckerer Belag bringen gar nichts, wenn die Pizza nicht richtig gebacken wird. Zwei Dinge sind besonders wichtig: ein heißer Ofen und eine heiße Unterlage.

Der Ofen lässt sich vorheizen und darf „durchgewärmt" bleiben, während das Gemüse und die anderen Zutaten zubereitet werden. Ich stelle meinen auf 250 °C ein und heize ihn bei den Vorbereitungen rund eine Stunde vor.

Außerdem ist wichtig, dass die Unterlage heiß ist, bevor die Pizza in den Ofen kommt. Denn Sie wissen sicher, dass das der Grund ist, warum Steinofenpizzen so unheimlich lecker und knusprig sind. Stellen Sie deshalb das Backblech beim Vorheizen in den Ofen oder benutzen Sie einen Pizzastahl oder -stein. Sie können das Backblech auch mit der Unterseite nach oben in den Ofen schieben, dann haben Sie mehr Platz für Pizza. Die Pizza sollte immer ganz unten im Ofen gebacken werden und niemals zwei Bleche auf einmal. Mit normaler Ober- und Unterhitze erzielen Sie das beste Ergebnis.

Sie können die Pizza auch draußen auf dem Grill backen, wenn er über einen Deckel verfügt. Das ist sehr einfach, aber Sie benötigen eine Unterlage, die Sie auf den Rost legen, also einen Pizzastahl oder -stein. Beim Anheizen die Unterlage im Grill miterhitzen, den Deckel dabei schließen. Die Pizza mit geschlossenem Deckel 8–12 Minuten backen.

Vorbereiten?

Es ist möglich, alles für eine Pizza-Party vorzubereiten, auch wenn es natürlich viel mehr Spaß macht, alle Saucen und Beläge gemeinsam zuzubereiten.

1. Die Böden können Sie am Vortag oder morgens am selben Tag zubereiten und gehen lassen. Nach dem Zubereitungsschritt 1 stellen Sie sie portionsweise zum Gehen in den Kühlschrank (die sogenannte Kaltführung).
2. Sie können die Böden auch vorbacken, dann geht es abends beim Essen schneller. Dafür sollten sie so groß sein, dass 4 Stück gleichzeitig auf ein Backblech passen. 6–7 Minuten backen.
3. Alle Saucen können vorbereitet und im Kühlschrank aufbewahrt werden.
4. Das Gemüse schmeckt am besten frisch geschnitten und gebraten, das sollten Sie also nicht vorher anfassen.
5. Toppings wie Not parm und Kräutermischungen können vorher zubereitet und in Gläsern aufbewahrt werden.

Gemeinsam zubereiten?

Kaum etwas eignet sich besser für gemeinsame Küchenarbeit als eine Pizza-Party. Und wenn Sie nicht sicher sind, ob Sie wirklich so viele Leute in Ihrer Küche haben wollen, ist dies die beste Möglichkeit, es auszuprobieren: Es kann im Prinzip nichts schief gehen, auch wenn es sicher etwas chaotisch wird! Sie müssen ja auch nicht alle Rezepte aus diesem Kapitel nachkochen. Wenn Ihnen zwei oder drei Saucen zu viel erscheinen, reicht sicher auch eine.

1. Zuerst den Teig ansetzen und gehen lassen. Setzen Sie eine Küchenmaschine mit Knethaken ein oder einen kräftigen Gast.
2. Für die Saucen ist etwas Schneiden, Rühren und Kochen nötig, ein schönes Projekt für eine oder zwei Personen.
3. Das Gemüse muss schön dünn geschnitten werden (am besten auf einer Mandolinenreibe), damit ist mindestens eine Person beschäftigt.
4. Die Toppings, die zubereitet werden müssen, brauchen nicht lang, das geht im Handumdrehen.
5. Und dann kommt der spannende Teil: Lassen Sie alle ihre Pizza von Grund auf selbst zusammenstellen. Statt viele kleine Pizzateige auszurollen, können Sie auch einen Teig passend für ein Backblech ausrollen und diesen danach in Rechtecke schneiden, vier, sechs oder acht Stück, je nachdem, wie viele Personen essen wollen und wie groß die Pizzastücke sein sollen. So können Sie mehrere auf einmal backen.
6. Für extra Partyspaß: Führen Sie eine Punkteliste. Jeder bekommt Punkte für seine Kreationen und Kombinationen! Was dem einen ungewöhnlich erscheint, findet der andere fantastisch, und so, liebe Freunde, erlebt man etwas Neues und sorgt für bleibende Erinnerungen.

KLÖßE AUS SUNNMØRE

Geliebtes Kind trägt viele Namen –
und viele, lange Traditionen.

WENN SIE DIE LEIBSPEISE IHRES MANNES NOCH NIE ZUVOR PROBIERT HABEN, BEVOR SIE SICH ZUM ERSTEN MAL TRAFEN

Wenn Essen und Erinnerungen auch bei anderen so eng miteinander verknüpft sind wie bei mir und so wichtig, dann begegnet einem etwas sehr Spannendes, wenn man plötzlich eine neue Familie bekommt: nämlich das, was der Mann, den man geheiratet hat, mitbringt. Ich bin mitten in Østlandet aufgewachsen, dem östlichen Landesteil Norwegens, er im Westen zwischen Fjord und Bergen in Sunnmøre. Und das merkte ich neben seinem feinen Dialekt und ein paar klassischen Sunnmøre-Merkmalen vor allem an zwei Dingen: Er kann gar nicht aufhören zu sagen, wie schön es im Østlandet ist, auch nachdem er hier nun schon sieben Jahre wohnt, und wenn er von einem Festmahl spricht, meint er Klöße. Also Kartoffelklöße. In meiner Familie haben Klöße keine Tradition, und als ich das Øystein zum ersten Mal erzählte, machte er ein Gesicht, als hätte er einen Geist gesehen. *Wie, Du isst ÜBERHAUPT keine Klöße?*

Inzwischen esse ich Klöße. Mehrmals pro Jahr. Doch ich bereite sie nie zu, das macht Øystein. Daher ist dieses Kapitel ein Gastspiel von meinem Mann, dem Mann aus Sunnmøre, der zu Festen unheimlich gute vegane Klöße zubereitet. Der Mann meiner Schwester, aus Sørlandet im Süden, ist auch mit Klößen aufgewachsen, aber auf andere Art als Øystein. Daher geht es beim Kloßessen unter uns vieren immer um zwei Dinge: Wer die meisten essen kann, und wie man Klöße eigentlich richtig isst. Antworten auf die Fragen gibt es eigentlich nicht, soviel habe ich inzwischen gelernt. Aber so essen wir Klöße.

❚❚ Wie, Du isst ÜBERHAUPT keine Klöße?

Øystein bereitet eine schön salzige Tofumischung zu, mit der er die Klöße füllt, und dazu gibt es Steckrüben-Möhren-Stampf. Ich konnte mich natürlich doch nicht ganz zurückhalten, auch wenn es seine Party war, und schließlich ist es mir gelungen, karamellisierte Zwiebeln einzuführen, auch wenn es gedauert hat. Noch nicht einigen konnten wir uns bei der Frage, ob es gut ist, normale gekochte Kartoffeln dazu zu haben (denn die Klöße bestehen ja aus Kartoffeln), aber ich mag es so, also möchte ich sie haben, auch wenn dies wieder eine lange Diskussion nach sich zieht, die genauso verläuft wie die letzte. Außerdem gibt es gesalzene Tofuscheiben als Beilage. Man könnte auch ein paar vegane Würstchen braten, am besten solche, die mit vielen Kräutern aromatisiert sind. Oder andere Produkte, die unter den Begriff *salzige Speisen* fallen. Wir kochen immer mehr, als wir aufessen können, denn das Beste, was man Øystein servieren kann, sind in Scheiben geschnittene Klöße, die am nächsten Tag in der Pfanne gebraten werden. Die Klöße sollten aus rotschaligen Kartoffelsorten wie Beate oder Asterix zubereitet werden.

Klöße

Menge: ca. 10–12 Stück (rechnen Sie 2–3 pro Portion)

- 2 KG GESCHÄLTE ROTSCHALIGE KARTOFFELN (BEATE ODER ASTERIX)
- 1–2 WEICH GEKOCHTE KARTOFFELN (BEATE ODER ASTERIX)
- 200 G GERSTENMEHL
- 100 G WEIZENMEHL
- 100 G ZARTSCHMELZENDE HAFERFLOCKEN
- 2 TL FEINES MEERSALZ
- 1 TL ZUCKER

MINDESTENS 5 L WASSER IN EINEM GROßEN TOPF
1–2 EL ZWIEBEL- ODER GEMÜSEBRÜHE PRO 5 L WASSER
SALZFLOCKEN (1 EL PRO 5 L WASSER)

1. Zunächst müssen die Kartoffeln geschält und gemahlen werden. Hier reicht es nicht, sie auf einer Reibe grob zu reiben, sie müssen feiner werden. Wir verwenden zunächst die feine Reibe in der Küchenmaschine und anschließend den Pürierstab. Wenn Sie eine gute Obstmühle haben, können Sie auch diese verwenden. Die Kartoffeln sollten die Konsistenz einer feinen Farce haben.

2. Mit den Händen so viel Wasser wie möglich aus der Kartoffelmasse drücken.

3. Danach die gekochten Kartoffeln untermischen.

4. In einer separaten Schüssel Gerstenmehl, Weizenmehl, Haferflocken, Salz und Zucker vermengen.

5. Die trockenen Zutaten nach und nach unter die feuchten geben, bis der Teig so fest ist, dass Sie daraus einen kleinen Kloß formen können, der nicht zerfällt, sondern seine Form behält, wenn Sie ihn weglegen. Er sollte auch nicht zu fest sein, sondern eine geschmeidige Feuchtigkeit aufweisen.

6. Zum Kochen der Klöße brauchen Sie einen großen Topf (den größten, den Sie in der Nachbarschaft auftreiben können, sagt Øystein). Für Klöße aus 2 Kilogramm Kartoffeln sollten Sie einen Topf mit 10 l Volumen haben. Notfalls verwenden Sie zwei Töpfe gleichzeitig.

7. Bei uns kochen wir Klöße in Brühe, am liebsten in Zwiebelbrühe. Sie können auch Gemüsebrühe oder -fond verwenden, dann werden sie etwas süßer. Am wichtigsten ist, dass die Brühe lecker und ordentlich salzig ist – mindestens 1 EL Salz auf 5 l Wasser. Die Klöße einen nach dem anderen mit einem Schöpflöffel vorsichtig in den Topf legen.

8. Beim Kloßkochen sollte das Wasser gerade so sieden. Idealerweise sollte die Temperatur während des gesamten Prozesses kurz über dem Siedepunkt liegen. Das bedeutet, dass Sie die Temperatur nach oben korrigieren müssen, wenn Sie die Klöße in den Topf geben, und dann wieder herunterdrehen, wenn das Wasser siedet. Fängt das Wasser an sprudelnd zu kochen, zerfallen die Klöße. Andersherum werden sie nicht schnell genug fest, wenn die Temperatur nicht um den Siedepunkt liegt, während Sie die Klöße in den Topf geben.

9. Mit den Händen Klöße aus dem Teig formen. In einer bereitgestellten Schüssel mit Wasser können Sie die Hände anfeuchten, dann geht das Formen leichter. Ein wenig Teig in die Hände nehmen und ohne zu viel Druck zwischen den Handflächen zu einer Kugel rollen. Die Klöße sollten in etwa die Größe einer Nektarine haben. Es macht nichts, wenn sie nicht ganz rund sind, aber sie sollten gut zusammenhalten.

10. Wenn Sie einen Kloß geformt haben, mit dem Zeigefinger ein Loch in die Mitte drücken, das Loch mit der Tofumasse füllen (siehe S. 138), wieder verschließen und den Kloß erneut rollen, bis er wieder rund ist.

11. Die Klöße direkt nach dem Formen und Füllen in den Topf legen. Platzieren Sie sie so im Topf, dass sie einander nicht berühren.

12. Vielleicht müssen Sie ein wenig rumprobieren, bis Sie die richtige Konsistenz finden: Wenn Sie sich nicht sicher sind, formen Sie einen, kochen Sie ihn und probieren Sie. Dann können Sie die Konsistenz des Teigs ggf. mit etwas Mehl anpassen. Sie dürfen keine weitere Flüssigkeit hinzufügen, seien Sie also vorsichtig bei der Zugabe von weiterem Mehl.

13. Der Kloß sollte rund 30 Minuten kochen; je größer der Kloß, desto mehr Zeit benötigt er. Mit dem Schöpflöffel aus dem Topf fischen. Sofort servieren. Die Reste werden am nächsten Tag in der Pfanne angebraten.

Steckrüben-Möhren-Stampf

Menge: ca. 2 l fertiger Stampf

3 KLEINE STECKRÜBEN
SAFT VON ½ ZITRONE
1 ROSMARINZWEIG
1–2 KLEINE MÖHREN
100–200 ML PFLANZENSAHNE (NICHT GESÜẞT)
3 EL PFLANZENBUTTER
1 EL ZUCKER
SALZFLOCKEN UND PFEFFER AUS DER MÜHLE

1. Steckrüben schälen, in 1 cm dicke Scheiben schneiden und in kaltem Wasser mit dem Saft einer halben Zitrone sowie einem Rosmarinzweig einlegen. Bis zu 8 Stunden ziehen lassen (oder so lange, wie Sie Zeit haben).
2. Die Möhren in größere Stücke schneiden.
3. Wasser abgießen. Einen großen Topf mit frischem Wasser füllen, Steckrübenscheiben mit Möhrenstücken hineingeben und aufkochen lassen.
4. Bis zu 60 Minuten kochen, bis das Gemüse weich ist. Es muss wirklich richtig weich sein, beinahe zerfallen.
5. Wasser abgießen, den Topf zum Ausdampfen kurz wieder auf den Herd stellen und auf der Platte durchschütteln, damit so viel Flüssigkeit wie möglich verdampft.
6. Mit einem Kartoffelstampfer oder einer Schöpfkelle das Gemüse zerdrücken. Pflanzensahne angießen und Butter, Zucker, Salz und Pfeffer einrühren. Reichlich Pfeffer verwenden, es darf ruhig 1 EL frisch gemahlener Pfeffer sein. Mit ca. 1 TL Salzflocken abschmecken.
7. Unter Rühren den Stampf nochmals kurz aufkochen und mit Salz und Pfeffer abschmecken.

Tofu als Beilage

Menge: Als Beilage für 4–6 Portionen

CA. 450 G FESTER TOFU
2–3 EL NEUTRALES ÖL
2–3 EL SOJASAUCE

1. Tofu in ½ cm dicke Scheiben schneiden.
2. In einer Pfanne neutrales Öl erhitzen und die Scheiben bei mittlerer/starker Hitze auf beiden Seiten goldbraun braten.
3. Mit Sojasauce beträufeln und noch 2–3 Minuten braten, bis sie knusprig und schön salzig sind.

Tofu-Füllung für Klöße

Menge: ausreichend für Klöße für 6 Portionen (etwa 12 Stück)

100 G FESTER TOFU
100–200 ML SOJASAUCE
1 TL SALZFLOCKEN
1 TL RAUCHPAPRIKAPULVER
1 EL RAUCHESSENZ (NACH GESCHMACK)

1. Tofu fein würfeln.
2. Mit Sojasauce, Salz, Paprikapulver und evtl. Rauchessenz vermengen.
3. Die Mischung 5–10 Minuten ziehen lassen, dann in eine Pfanne geben und knusprig braten. In einer Schüssel zur Seite stellen, bis Sie die Klöße füllen.

Karamellisierte Zwiebeln

Menge: Beilage für 4–6 Portionen

1 KG ZWIEBELN
2–3 EL NEUTRALES ÖL ODER PFLANZENBUTTER
1 TL SALZFLOCKEN
1 LORBEERBLATT

1. Zwiebeln schälen und in dünne Scheiben schneiden oder fein würfeln. Am besten eine Mandolinenreibe verwenden.
2. In einer Pfanne Öl oder Butter erhitzen, Zwiebeln, eine reichliche Prise Salz und das Lorbeerblatt hinzufügen.
3. Zwiebeln braten, bis sie zusammengefallen und ganz weich sind. Sie sollten goldgelb sein und ein süßliches Aroma entwickelt haben.
4. Sie können auch karamellisierte Zwiebeln mit zerlassener Butter servieren. Geben Sie dafür noch eine Portion Butter in die Pfanne, wenn die Zwiebeln karamellisiert sind, dazu noch eine Prise Salz, und servieren Sie die Zwiebeln heiß zu den Klößen.

Vorbereiten?

Es braucht ein wenig Zeit, eine richtig leckere Kloßmahlzeit von Grund auf selbst zuzubereiten, vor allem, wenn man es noch nie gemacht hat – die Hände brauchen ein wenig Übung. Lassen Sie sich trotzdem nicht davon abhalten, es zu versuchen, aber bereiten Sie sich gut vor! Sie sollten auf jeden Fall nicht hungrig sein, wenn Sie anfangen.

1. Der Steckrüben-Möhren-Stampf braucht etwas Zeit, weil die Steckrübenscheiben so lange in der Marinade liegen müssen. Sie können ihn prima am Vortag zubereiten und im Ofen aufwärmen.
2. Auch die Tofu-Füllung können Sie vorher, wenn Sie mögen auch am Vortag, zubereiten. Im Kühlschrank aufbewahren.
3. Den Kloßteig sollten Sie am gleichen Tag zubereiten, aber dafür sind ein paar gekochte Kartoffeln nötig, die Sie gerne am Vortag kochen oder von einem Abendessen ein paar Tage zuvor einbehalten können.

Gemeinsam zubereiten?

Klöße sind ein tolles Kochprojekt für mehrere Teilnehmer. Einige Arbeitsschritte brauchen ein wenig Zeit, aber die Prozesse sind alle voneinander unabhängig. Sie sollten aber versuchen, die Beilagen so zuzubereiten, dass sie gleichzeitig mit den Klößen fertig sind.

1. Beginnen Sie mit dem Steckrüben-Möhren-Stampf – die Steckrüben müssen eine Weile einweichen und brauchen auch Zeit zum Kochen. Sie sind aber auch dankbar, weil sie sich lange warm halten.
2. Während einer Kartoffeln reibt und den Kloßteig zubereitet, kann ein anderer die Tofu-Füllung machen.
3. Die karamellisierten Zwiebeln werden nur besser, je länger sie bei niedriger Hitze auf dem Herd stehen, damit also jetzt beginnen.
4. Wenn es auf dem Herd eng wird, kann der Tofu, der als Beilage serviert werden soll, auch im Ofen statt in der Pfanne zubereitet werden. In Scheiben schneiden, in Sojasauce und 1 EL Öl ½ Stunde marinieren und auf einem mit Backpapier ausgelegten Backblech ca. 20 Minuten backen, bis er goldbraun und knusprig ist.
5. Wenn Sie den Tofu im Ofen zubereiten, kann er vor dem Servieren zugedeckt gut warm gehalten werden. Das gilt auch für die Zwiebeln.
6. Als Letztes, während die Klöße kochen, zerlassen Sie Butter in einer Pfanne und braten vegane Würstchen, falls Sie mögen.

BUDDHA BOWLS

Oder streng genommen: ein wirklich leckerer Salat.

EINE SCHÜSSEL VOLLER LIEBLINGS-ZUTATEN! VERGESSEN SIE DEN REST!

Rezepte für sogenannte Buddha Bowls finden sich in den letzten Jahren immer mehr im Internet und in Koch-büchern: lecker zusammengestellte Schüsseln voller farbenprächtigem Gemüse, optisch so schön und anspre-chend gestaltet, dass wir in Ehrfurcht erstarren! Aber wenn Sie mich fragen, sollte das Anrichten des Essens nie länger dauern als die Zubereitung. Lassen Sie sich also nicht abschrecken, Buddha Bowl ist eigentlich nur ein schönerer Name für etwas, das ich die ganze Zeit schon esse: ein leckerer Salat. Über den Ursprung der Bezeich-nung heißt es, die Schüssel (Bowl) sollte so prall gefüllt sein, dass sie dem Bauch eines Buddhas ähnelt. Und dem schließe ich mich gerne an. Daneben zeichnen sich Buddha Bowls meist dadurch aus, dass sie ausgewogene Anteile an verschiedenen Nährstoffen haben, mit einer wirklich guten Kombination aus Kohlenhydraten und Eiweiß und aus erhitztem und rohem Gemüse.

Egal, wie Sie sie nennen: Es ist unglaublich befriedigend, eine Bowl mit einem sorgfältig zusammengestellten Salat zu essen. Nun hat man ja nicht unbedingt Lust, ewig in der Küche zu stehen, um eine schöne Buddha Bowl für sich allein zuzubereiten, daher ist es das ultimative Abendessen, um andere dazu einzuladen: Make your own Buddha Bowl! Mit vielen vor Vitaminen und Nährstoffen nur so strotzenden Schüsseln auf dem Tisch kann sich jeder seine eigene Bowl zusammenstellen und mit Aromen, Farben, Konsistenzen und Beilagen experimen-tieren! Es könnte ein guter Start in den Tag sein oder ein leckeres Mittagessen, eignet sich aber – vor allem im Sommer – auch gut als Abendessen.

> **Buddha Bowl ist *eigentlich* nur ein schönerer Name für etwas, das ich die ganze Zeit schon esse: ein leckerer Salat.**

Dieses Kapitel enthält eine bunte Mischung an Rezepten für Dinge, die ich in meiner Salatschüssel mag. Ich bereite z. B. Tofu selbst aus Kichererbsenmehl zu (das geht tatsächlich!). Wenn Sie das nicht wollen, können Sie natürlich gekauften Tofu verwenden. Gewürzte, gebackene Kichererbsen sind bei uns schon ein Klassiker, die marinierten, im Ofen gebackenen Auberginen dagegen eine Neuentdeckung. Auch Süßkartoffeln aus dem Ofen sind nicht zu verachten. Bei frischem Gemüse gilt ganz einfach: Nehmen Sie das, worauf Sie Lust haben.
Tipp: Schneiden Sie es mit einem Gemüseschäler in dünne Streifen, statt es in Stücke zu schneiden. Ich habe außerdem drei verschiedene Dressings gemacht: eine säuerliche, scharfe Chili-Soja-Sauce, ein Dressing aus Öl und Kräutern und eine etwas frischere Variante basierend auf Möhren und Ingwer. Sie können aber auch auf die cremigen Dressings aus den anderen Kapiteln zurückgreifen.
Übrigens eignet sich dieses Kapitel ganz hervorragend für eine Reste-Party. Es gibt so viele Rezepte an anderen Stellen in diesem Buch, die Sie hier verwenden können; ich habe eine Liste zusammengestellt. Entweder, damit Sie Reste aufbrauchen können, die Sie vielleicht noch haben, oder weil Sie gerade diese Speisen ebenfalls in Ihrer Bowl sehen möchten.
Keine Angst, Sie müssen nicht alles zubereiten! Nehmen Sie nur das, worauf Sie Lust haben. Das Wichtigste für eine gute Salat-Bowl ist eine gute Ausgewogenheit zwischen gebacken und roh, weich und hart, salzig und süß und natürlich: die genau richtige Menge an Umami.

Kichererbsen-Tofu

Menge: ca. 400 g Tofu

160 G KICHERERBSENMEHL

750 ML WASSER (IN ZWEI PORTIONEN)

½ TL GEMAHLENE KURKUMA

½ TL SALZFLOCKEN

¼ TL KNOBLAUCHPULVER (KANN WEGGELASSEN WERDEN)

1 TL NEUTRALES ÖL

1. Lesen Sie vor dem Start das Rezept von Anfang bis Ende durch und halten Sie sich an die einzelnen Schritte. Sie erhalten sehr unterschiedliche Ergebnisse, wenn Sie davon abweichen.

2. Mehr zu Kichererbsenmehl finden Sie auf S. 25.

3. Einen Topf mit dickem Boden, eine hitzebeständige Schüssel, eine feuerfeste Form oder Brotbackform, einen guten Holzlöffel und einen Schneebesen bereitstellen. Alle Zutaten abmessen – und die Brotform mit Öl einpinseln–, bevor Sie beginnen.

4. In einem Topf ohne Fettzugabe das Kichererbsenmehl unter ständigem Rühren rösten. Nach ca. 10 Minuten duftet es nussig und ist fertig.

5. Das Mehl in die hitzebeständige Schüssel füllen (nicht die, die Sie eingefettet haben), und die Hälfte des Wassers, Kurkuma, Salzflocken und Knoblauchpulver hinzufügen. Mit dem Schneebesen zu einem glatten Teig ohne Klumpen verrühren.

6. Restliches Wasser in den Topf füllen und aufkochen lassen.

7. Wenn es kocht, die Hitze auf eine mittlere Stufe reduzieren und den Teig in das kochende Wasser gießen. Jetzt müssen Sie die ganze Zeit rühren und aufpassen, dass es nicht zu sehr kocht (passen Sie vor Spritzern auf!).

8. Es entsteht sofort eine dickflüssige Masse, die aussieht, als würde sie sich trennen. Das geschieht aber nicht. Die Hitze muss so hoch sein, dass das Ganze zu sprudeln anfangen würde, sobald Sie aufhören würden zu rühren – was Sie aber nicht tun. Sie sollten mindestens 12 Minuten lang rühren, wenn Sie also Leute in der Nähe haben, die Sie zwischendurch entlasten können, umso besser. Der fertige Teig sollte eine dicke, glänzende Masse sein.

9. Um die Konsistenz zu testen, 1 TL Teig auf einen Teller füllen und für 2 Minuten in den Gefrierschrank stellen. Dann sollte er so fest sein, dass Sie ihn mit den Fingern zerteilen können und zwei Stücke erhalten, kein Mus.

10. Teig in die gefettete Form füllen und zügig die Oberfläche glätten (er wird schnell fest). Zum Abkühlen stehen lassen.

11. In einer luftdicht verschließbaren Dose im Kühlschrank aufbewahren. Der Tofu sollte innerhalb von 5–6 Tagen gegessen werden.

12. Wenn Sie den Kichererbsen-Tofu verwenden möchten, in zentimeterdicke Scheiben schneiden und in einer Pfanne bei mittlerer Hitze in neutralem Öl auf beiden Seiten goldbraun braten.

Süßkartoffeln aus dem Ofen

Menge: Rechnen Sie ca. ¼ Süßkartoffel pro Person

1–2 SÜSSKARTOFFELN
OLIVENÖL EXTRA VERGINE
SALZFLOCKEN (EVTL. KRÄUTERSALZ)
PFEFFER

1. Mit einem Gemüseschäler Süßkartoffeln schälen und in Scheiben schneiden, die etwa so groß wie große Münzen sind.
2. Die Scheiben auf einem mit Backpapier ausgelegten Backblech verteilen. Mit Olivenöl einpinseln und mit Salzflocken/Kräutersalz und Pfeffer bestreuen.
3. Bei 200 °C im Ofen 15–20 Minuten backen, bis sie weich und an den Rändern knusprig sind.

Aubergine aus dem Ofen mit Kräutermarinade

Menge: 1 Aubergine/8 Stücke

1 AUBERGINE
1–2 EL GETROCKNETE KRÄUTER (OREGANO, PETERSILIE, SALBEI, ESTRAGON, EVTL. KRÄUTER DER PROVENCE)
2 EL SOJASAUCE
2 EL OLIVENÖL EXTRA VERGINE
1 EL AHORNSIRUP ODER AGAVENDICKSAFT
1 TL PAPRIKAPULVER
½ TL CHILIFLOCKEN
SALZFLOCKEN UND PFEFFER

1. Bei der Aubergine die Enden abschneiden. Die Frucht längs halbieren, erneut halbieren und dann nochmal – sodass Sie am Ende 8 Auberginenspalten haben.
2. Auberginenspalten auf ein Backblech legen.
3. Die restlichen Zutaten zu einer Marinade verrühren.
4. Auberginenspalten auf beiden Seiten mit der Marinade einpinseln. Dafür etwa die Hälfte der Marinade verbrauchen. Mit Salzflocken und Pfeffer bestreuen und bei 200 °C in den Ofen stellen.
5. Nach etwa 10 Minuten das Blech aus dem Ofen holen. Auberginen wieder auf beiden Seiten einpinseln und das Blech für weitere 10 Minuten in den Ofen stellen.
6. Diese Auberginen schmecken sowohl warm als auch kalt!

Gewürzte warme Kichererbsen

Menge: ca. 170 g Kichererbsen

1 DOSE GEKOCHTE KICHERERBSEN
1 EL OLIVENÖL EXTRA VERGINE
½ TL CHILIPULVER
½ TL KNOBLAUCHPULVER
½ EL MALDON-SALZ
½ EL KREUZKÜMMEL
½ EL PAPRIKAPULVER
1 MSP. CAYENNEPFEFFER

1. Kichererbsen gründlich mit kaltem Wasser abspülen, abtropfen lassen und dann in eine Schüssel geben, in der Sie sie mit den anderen Zutaten mischen können.
2. Ofen auf 225 °C vorheizen.
3. Kichererbsen mit dem Öl beträufeln, alle Gewürze hinzufügen und das Ganze gründlich vermengen – bis alle Kichererbsen bedeckt sind.
4. Die gewürzten Kichererbsen auf einem Backblech verteilen und auf der mittleren Schiene in den Ofen stellen. Ca. 20 Minuten rösten, zwischendurch umrühren. Die Backzeit kann je nach Kichererbsensorte variieren, sehen Sie daher zwischendurch nach, ob sie nicht zu trocken oder zu dunkel werden.
5. Falls der Ofen mit einer anderen Speise beschäftigt ist, können Sie die Kichererbsen auch in der Pfanne rösten. Hierfür die Kichererbsen mit dem Öl und den Gewürzen bei mittlerer Hitze in eine Pfanne geben, umrühren und 10 Minuten rösten.

Erbsenhummus

Menge: ca. 200 g Hummus

250 G TIEFGEKÜHLTE ERBSEN
1–2 KNOBLAUCHZEHEN
ZITRONENSAFT
OLIVENÖL EXTRA VERGINE
SALZFLOCKEN UND PFEFFER
PETERSILIE UND/ODER MINZE (OPTIONAL)

1. Erbsen in einer Schüssel auftauen lassen. Überschüssiges Wasser abgießen.
2. Mit den geschälten Knoblauchzehen in eine Küchenmaschine geben und zu einer glatten Masse pürieren. Geschmack und Konsistenz mit Zitronensaft und Olivenöl anpassen, zum Schluss mit Salz und Pfeffer abschmecken.
3. Für ein frisches Kräuteraroma fügen Sie vor dem Pürieren noch Petersilie und/oder Minze hinzu.

Himbeer-Balsamico-Dressing

Menge: ca. 300 ml Dressing

2 HANDVOLL HIMBEEREN
1 EL DIJONSENF
50 ML FRISCH GEPRESSTER ZITRONENSAFT
50 ML BALSAMICO
100 ML OLIVENÖL EXTRA VERGINE
SALZFLOCKEN UND PFEFFER

1. Himbeeren entweder in einem Mixer zerkleinern oder mit einer Gabel fein zerdrücken.
2. Mit den restlichen Zutaten vermengen und gründlich verrühren. Evtl. mit zusätzlichem Balsamico und Zitronensaft und zum Schluss mit einer Prise Salz und Pfeffer abschmecken.

Scharfes Chili-Limetten-Dressing

Menge: ca. 100 ml Dressing

2 KNOBLAUCHZEHEN
SAFT VON 1 LIMETTE
3–4 EL SRIRACHA
3–4 TL AGAVENDICKSAFT

1. Knoblauch schälen und fein reiben, Limette auspressen, dann alle Zutaten vermengen.
2. Dieses Dressing wird auch gut durch andere Aromen ergänzt, wie Sesam oder Koriander. Und es schmeckt besonders gut als Dip zum Kichererbsen-Tofu.

Möhren-Ingwer-Dressing

Menge: ca. 400 ml Dressing

4 MÖHREN
2 SCHALOTTEN
2 DAUMENGROSSE STÜCKE INGWER
3 EL REISESSIG ODER NORMALER ESSIG
2 EL SOJASAUCE
1 TL SALZFLOCKEN
½ TL CHILIFLOCKEN
200 ML WASSER
50 ML RAPSÖL

1. Möhren waschen und evtl. schälen, klein schneiden. Wenn Sie einen leistungsstarken Mixer besitzen, müssen die Stücke nicht sehr klein sein, wenn der Mixer nicht besonders stark ist, könnte es sinnvoll sein, die Möhren grob zu hacken.
2. Schalotten und Ingwer schälen und klein schneiden.
3. Möhren, Schalotten und Ingwer mit Essig, Sojasauce, Salzflocken, Chili und der Hälfte des Wassers in den Mixer geben.
4. Das Öl vorsichtig hinzufügen – in einem dünnen Strahl, während der Mixer läuft. Die Konsistenz mit Wasser anpassen.
5. Mit Chili und Salzflocken abschmecken, ggf. mit Essig für mehr Säure.
6. Sie können das Dressing abseihen, aber es schmeckt auch, wenn noch ein paar Stücke darin sind. In einem Glas im Kühlschrank lässt es sich bis zu 1 Woche aufbewahren.

Kräuter-Öl-Dressing

Menge: ca. 300 ml Dressing

2 REICHLICHE HANDVOLL FRISCHE KRÄUTER
1 UNBEHANDELTE ZITRONE
100–200 ML OLIVENÖL EXTRA VERGINE
SALZFLOCKEN UND PFEFFER
CHILIFLOCKEN (NACH GESCHMACK)

1. Sie können alle Kräuter benutzen, die Sie haben, alle, die Sie mögen, oder die, die Sie gerade bekommen. Petersilie und Basilikum sind Klassiker, aber warum probieren Sie es nicht einmal mit frischem Oregano, Salbei, Kerbel, Estragon, Dill oder etwas Minze? Die Kräuter sehr fein hacken und in eine Schüssel füllen.
2. Zunächst die Schale der Zitrone (nur den gelben Teil) abreiben, dann die Zitrone halbieren und entsaften.
3. Olivenöl, Zitronensaft und -abrieb mit den Kräutern vermengen. Mit Salzflocken, Pfeffer und evtl. Chiliflocken abschmecken.
4. Die Konsistenz mit Olivenöl anpassen. Sie haben freie Hand: Entweder bereiten Sie ein etwas kompakteres Pesto zu oder ein flüssiges Öl. Das Aroma des Olivenöls wirkt sich auf das Aroma des Dressings aus, Sie sollten also ein wirklich gutes Öl aussuchen.
5. In einem luftdicht verschließbaren Glas, am besten im Kühlschrank, aufbewahren.

Rote Zwiebeln in Zitronenmarinade

Menge: ca. 150 g marinierte Zwiebeln

2 ROTE ZWIEBELN
2 GROßE ZITRONEN

1. Zwiebeln schälen und in so dünne Scheiben wie möglich schneiden. Am besten verwenden Sie eine Mandolinenreibe. In ein Glas füllen.
2. Zitronen auf der Arbeitsfläche hin- und her rollen, dann halbieren (so geben sie mehr Flüssigkeit ab). Den Saft über die Zwiebeln pressen.
3. 15–20 Minuten ziehen lassen, während Sie die anderen Leckereien zubereiten.

Buddha-Basis: rohes Gemüse und verschiedene Toppings

Als Basis einer Buddha Bowl können Sie so gut wie alles verwenden: Reisnudeln, Weizennudeln, Reis, braunen Reis, Quinoa, Bulgur oder Gerstengraupen. Kalkulieren Sie ca. 150 g fertige Basis pro Portion.

Im Hinblick auf kalte oder warme Zutaten müssen Sie sich nicht beschränken, aber eine ausgewogene Kombination aus beidem schmeckt besonders gut. Was ich warm mag, sind Kichererbsen, Auberginen und Süßkartoffeln. Der Rest darf gerne roh sein, am besten in dünnen Scheiben oder Streifen. Eine Juliennereibe, Mandolinenreibe, ein Gemüseschäler oder Käsehobel sind gute Hilfsmittel. Das gröbere Gemüse können Sie auch mit dem Messer bearbeiten.

Was Sie verwenden, liegt ganz bei Ihnen, aber ich gebe Ihnen trotzdem ein paar Tipps: Möhren, Gurken, Avocado, Brokkoli, Blumenkohl, Beten in verschiedenen Farben, Grünkohl, Salate in verschiedenen Formen und Farben, Frühlingszwiebeln, rote Zwiebeln, Tomaten, Erbsen oder Edamame, Bohnensprossen oder andere Sprossen, Paprika, Rotkohl, Rettich, grüner Spargel, Staudensellerie. Kalkulieren Sie 100–150 g frisches Gemüse pro Portion, wenn Sie den Salat auch noch mit ein paar warmen Toppings ergänzen möchten. Wenn nicht, können Sie die Gemüsemenge entsprechend erhöhen.

Andere leckere Toppings können außerdem sein: im Ofen geröstete Kokosflocken, Sesam, frische Kräuter, frische Früchte (Mango, Ananas, Beeren, Granatapfel, Trauben, Pfirsiche, Clementinen), gesalzene Erdnüsse, Pinienkerne, Chili, frischer Ingwer und sonnengetrocknete Tomaten.

Topping: geröstete Nüsse und Samen

Menge: 300–350 g geröstete Nüsse/Samen

CA. 300–350 G NÜSSE UND SAMEN NACH GESCHMACK (ICH MAG HASELNÜSSE, PEKANNÜSSE UND KÜRBISKERNE BESONDERS GERNE)

1. Ofen auf 150 °C vorheizen. Ein Backblech mit Backpapier auslegen.
2. Nüsse auf dem Blech verteilen. Wenn Sie Nüsse und Samen verwenden, sollten die Nüsse 5–10 Minuten vor den Samen in den Ofen kommen.
3. Das Blech auf mittlerer Schiene in den Ofen stellen und die Nüsse 10–15 Minuten goldbraun rösten. Die Zeit häng davon ab, welche Nüsse Sie verwenden, also gut aufpassen!

Topping: karamellisierte Nüsse

Menge: 300–350 g Nüsse

300–350 G UNGESALZENE NÜSSE (ICH MAG WALNÜSSE, HASELNÜSSE, MANDELN UND PEKANNÜSSE)
4–5 EL AHORNSIRUP
1 TL SALZFLOCKEN

1. Nüsse grob hacken.
2. Bei mittlerer/starker Hitze in einer Pfanne ohne Fettzugabe 5–10 Minuten rösten, bis sie goldbraun sind.
3. Mit Ahornsirup einpinseln, mit Salz bestreuen und umrühren. Die Nüsse 2 Minuten in der Pfanne bewegen.
4. Dann auf ein mit Backpapier ausgelegtes Backblech füllen, mit einem Kochlöffel oder einer Pinzette die Nüsse voneinander lösen.
5. Bei 200 °C 5–8 Minuten in den Ofen stellen (gut aufpassen, sie dürfen nicht anbrennen).
6. Auf einem Teller abkühlen lassen, bevor Sie die Nüsse probieren.
7. In einem luftdicht verschließbaren Glas aufbewahren.

Vorbereiten?

Wenn Sie zu einer Salatparty einladen möchten, können Sie einige der Zutaten vorbereiten.

1. Der Kichererbsen-Tofu ist etwas aufwendiger und braucht Zeit zum Abkühlen, den können Sie daher gut vorbereiten.
2. Auch die knusprigen, gewürzten Kichererbsen können vorab zubereitet werden.
3. Quinoa oder braunen Reis können Sie vorher kochen und kalt servieren.
4. Die Dressings lassen sich früh anrühren und im Kühlschrank aufbewahren.
5. Der Erbsenhummus lässt sich ebenfalls vorbereiten und im Kühlschrank aufbewahren.

Gemeinsam zubereiten?

Diese Gerichte gemeinsam mit anderen zuzubereiten, ist spielend leicht, und es geht schneller, als man denkt!

1. Wenn Sie den Kichererbsen-Tofu ausprobieren möchten, sollten Sie damit beginnen.
2. Danach fahren Sie mit den warmen Zutaten fort – Quinoa oder Reis kochen, Aubergine, Süßkartoffeln und Kichererbsen backen. Sie können alles Gemüse gleichzeitig im Ofen backen, wenn Sie Umluft verwenden. Zwischendurch die Bleche tauschen.
3. Die Dressings und das Kräuteröl sind im Nu zusammengerührt!
4. Zwischendurch kann das rohe Gemüse geschnitten werden.
5. Ich stelle am liebsten alles in Schüsseln auf den Tisch, damit jeder seine eigene Bowl „bauen" kann.

Aus anderen Kapiteln

Ich finde, es gibt kaum etwas in den anderen Kapiteln, das nicht in eine Bowl passt, aber einige Zutaten passen vielleicht besser als andere. Und Buddha Bowls eignen sich hervorragend, um Reste aufzubrauchen. Aus dem *Dumplings*-Kapitel können Sie z. B. den Gurkensalat und den Tofu-Salat nehmen, und wenn Sie noch Dumplings übrig haben, wären diese auch nicht zu verachten. Von der *Sushi*-Party können Sie den Tofu übernehmen. Beim *Meze*-Kapitel haben Sie die Qual der Wahl: Falafeln, Hummus, Muhamarra, gegrilltes Gemüse, Dukkah und das Koriander-Tahini-Dressing passen hervorragend zum Salat. Versuchen Sie auch mal die Zucchini-Taler aus dem *Sandwich*-Kapitel oder das Cashew-Dressing. Oder wie wäre es mit den Pilzen und dem Reis aus dem *Tacos*-Kapitel, gar nicht zu reden von der Guacamole? Von der *Pizza-Party* eignen sich die Pestos und Beläge prima als Dressings und Toppings auf dem Buddha-Bauch. Und darüber hinaus sind Ihrer Fantasie keine Grenzen gesetzt!

SCHARFE GEWÜRZE UND INTENSIVE FARBEN

Indische Eintöpfe sorgen dafür,
dass der Winter schön wird.

ZWEI FAVORITEN IN ROT UND GRÜN

Indisches Essen war lange ein Mysterium für mich. Ich aß es sehr gerne auswärts, hatte aber nie das Gefühl, es sei mir zu Hause gelungen, hinter sein Geheimnis zu kommen. Was steckt dahinter?, fragte ich mich. Was fehlt? Ich habe probiert und probiert, geübt und geübt, und nicht zuletzt: gelesen und gelesen. Und ich glaube, langsam nähere ich mich an – wenn nicht, hätte ich mich kaum getraut, die Rezepte in dieses Buch aufzunehmen. Nach dem ganzen Lesen, Probieren und den Fehlversuchen ist mir eines klar geworden, neben den klassischen Aspekten wie Zeit, Geduld und Zutaten: Es geht um die Gewürze. Natürlich geht es um die Gewürze, die scharfen Gewürze. Indische Rezepte enthalten immer eine Vielzahl an verschiedenen Gewürzen, und das hat auch seinen Grund: Dort passiert es. Dort passiert alles.

In dieses Buch habe ich zwei meiner indischen Lieblingsgerichte aufgenommen: Chana masala und Palak Paneer (aber ohne Paneer). Chana Masala ist ein wärmender Kichererbseneintopf mit Tomaten, und ich wage zu behaupten, Sie werden den Unterschied zu einfacheren Chana-Masala-Rezepten schmecken. Leider ist die Zubereitung von Chana Masala nicht ganz einfach. Es ist auch nicht sonderlich kompliziert oder schwierig, aber es geht einfach nicht sehr schnell. Und Palak Paneer, was eigentlich Spinat und Käse bedeutet, die tiefgrüne Spinatbasis, das war das, was ich am meisten vermisst habe, als ich aufhörte, Käse zu essen. Jetzt aber nicht mehr. Ich bin wieder zufrieden, und das Geheimnis ist etwas so Profanes wie Tofu. Außerdem habe ich gelben Kurkumareis mit Zwiebeln und Gewürzen zubereitet, falls Sie Lust auf etwas anderes als den üblichen weißen Reis haben, und Naan-Brot aus der Pfanne. Dazu gibt es eine Aroma-Trilogie: Mangochutney, Koriander-Chili-Sauce und Raita. Entscheiden Sie selbst, ob Sie Chana Masala oder Palak Paneer kochen möchten oder ob Sie zuschlagen und gleich beides zubereiten, wenn Sie schon dabei sind und alle Gewürze bereitstehen.

> **Indische Rezepte enthalten immer eine Vielzahl an verschiedenen Gewürzen, und das hat auch seinen Grund: Dort passiert es. Dort passiert alles.**

Man könnte denken: „Ich kann diese Rezepte nicht nachkochen, denn sie enthalten so viele Gewürze". Aber glauben Sie mir, der Einkauf und die Mühe lohnen sich. Außerdem halten sich getrocknete Gewürze lange, wenn sie trocken und dunkel aufbewahrt werden, also keine Angst davor. Es hat auch etwas Magisches, wenn man langsam, aber sicher mit Kardamomkapseln, Zimtstangen, Senfsaat, Koriandersaat, ganzem Kreuzkümmel und Kurkuma vertraut wird, vor allem in Kombinationen mit frischem Ingwer, Chili, Knoblauch, Zwiebeln, Tomaten und Spinat und all dem anderen, das dieses Kapitel zu bieten hat.

Tipp: Lassen Sie die Koriander-Chili-Sauce nicht weg, auch wenn Ihnen das Rezept vielleicht nicht besonders vorkommt. Sie ist eine meiner absoluten Lieblingssaucen, und mir würden wahrscheinlich auch einfach die Sauce und Naanbrot reichen.

Chana Masala

Menge: ca. 4 Portionen

2 DAUMENGROßE STÜCKE INGWER
1–2 GRÜNE CHILIS
5 KNOBLAUCHZEHEN
1 EL FRISCH GEPRESSTER ZITRONENSAFT
½ TL MEERSALZ

1 GROßE GELBE ZWIEBEL
2 EL NEUTRALES ÖL
1 TL SCHWARZE SENFKÖRNER
1 TL GANZER KREUZKÜMMEL
¼ TL BACKPULVER
½ TL MEERSALZ

2 TL GEMAHLENER KORIANDER
1 TL GROB GEMAHLENER PFEFFER
½ TL GEMAHLENE KURKUMA
1 TL GARAM MASALA

1 DOSE GANZE TOMATEN
2 DOSEN KICHERERBSEN
1 GROßE HANDVOLL FRISCHER KORIANDER,
    FEIN GEHACKT
½ TL GARAM MASALA
1 EL FRISCH GEPRESSTER ZITRONENSAFT

1. Zunächst aus Ingwer, Chili, geschälten Knoblauch, Zitronensaft und Salz eine Paste zubereiten. Ich schäle und reibe erst den Ingwer und verarbeite dann alles im Mörser. Es sollte alles gründlich zerkleinert werden und ein paar Minuten durchziehen. Sie können auch eine kleine Küchenmaschine verwenden.
2. Zwiebel schälen und fein hacken. In einem Topf mit dickem Boden Öl erhitzen und Senfkörner und Kreuzkümmel hineingeben. 10–15 Sekunden „poppen" lassen, bis Sie einen leichten Duft wahrnehmen.
3. Jetzt Zwiebeln, Backpulver und 1 Prise Salz hinzufügen und gut umrühren. Den Topf nicht aus den Augen lassen.
4. Am Boden des Topfes karamellisieren jetzt Zwiebeln und Gewürze. Jedes Mal, wenn sich eine dünne, braune Schicht am Boden bildet, ein paar Esslöffel Wasser hinzugeben und unter Rühren die Schicht lösen und mit den Zwiebeln vermengen. So 10–12 Minuten verfahren, bis die Zwiebelwürfel weich, goldbraun und fast geschmolzen sind.
5. Dann die Paste aus dem Mörser hinzufügen, 30 Sekunden anschwitzen, bevor Sie die trockenen Gewürze hinzufügen und weitere 30–60 Sekunden anschwitzen.
6. Tomaten zugeben. Die Dose am besten mit ein paar Tropfen Wasser ausspülen und die Flüssigkeit in den Topf geben, um nichts zu verschwenden. Aufkochen lassen. Mit einem Kochlöffel Tomaten zu einem feinen Mus zerdrücken.
7. Anschließend Kichererbsen und frischen Koriander hinzufügen und das Ganze zugedeckt 30 Minuten köcheln lassen. Es sollte gerade sieden.
8. ½ TL Garam Masala und Zitronensaft einrühren und mit Salz abschmecken.

Palak Paneer mit Tofu

Menge: ca. 4 Portionen

400 G FESTER TOFU ODER SEIDENTOFU
1 ZITRONE
1 TL SALZFLOCKEN
3 EL NÄHRHEFE
100 ML WASSER

200 G SPINAT
1 DAUMENGROßES STÜCK INGWER
3–4 KNOBLAUCHZEHEN
1 GRÜNER CHILI
100–200 ML KOKOSMILCH
400 ML WASSER

1 EL KOKOSÖL ODER NEUTRALES ÖL + ZUSÄTZLICHES
    ÖL ZUM BRATEN DES TOFU
2 GRÜNE KARDAMOMKAPSELN
1 ZIMTSTANGE
1 LORBEERBLATT
2–3 GANZE GEWÜRZNELKEN
1 GELBE ZWIEBEL
2 KNOBLAUCHZEHEN
1 TL GEMAHLENER KORIANDER
½ TL GARAM MASALA
SALZFLOCKEN
2–3 GROßE TOMATEN

100 ML KOKOSMILCH
2 KNOBLAUCHZEHEN + 2 EL ÖL ODER
    PFLANZENBUTTER

1. Für dieses Rezept können Sie sowohl Seidentofu als auch festen Tofu verwenden. Den Tofu vorsichtig aus der Packung nehmen. Verwenden Sie einen festen Seidentofu, der sich würfeln lässt. Wenn Sie nur sehr weiche Varianten finden, nehmen Sie stattdessen normalen festen Tofu. Grob würfeln und in eine flache Schale legen. Saft von 1 Zitrone mit Salz, Nährhefe und so viel Wasser (etwa 100 ml) verrühren, dass der Tofu gerade bedeckt ist. In der Marinade ziehen lassen, während Sie die grüne Sauce zubereiten.

2. Spinat waschen, Ingwer und Knoblauch schälen, Chilischote putzen. Spinat, Chili, Ingwer, Knoblauch und Kokosmilch im Mixer pürieren. Mit Wasser verdünnen, bis Sie eine feine, glatte Sauce erhalten.

3. In einem Topf mit dickem Boden Kokosöl oder neutrales Öl auf mittlerer Stufe erhitzen. Kardamomkapseln mit einem Messer öffnen, mit Zimtstange, Lorbeerblatt und Gewürznelken in den Topf geben und ein paar Minuten anschwitzen.

4. Zwiebel und Knoblauchzehen schälen und fein hacken, hinzufügen und mit den Gewürzen anschwitzen, bis beides weich und glasig ist.

5. Mit gemahlenem Koriander, Garam Masala und einer reichlichen Prise Salz bestreuen und verrühren.

6. Tomaten grob hacken und in den Topf geben. Aufkochen und 4–5 Minuten köcheln lassen, bis die Tomaten zu einer Sauce verkocht sind.

7. Die grüne Sauce in den Topf geben, alles verrühren und kochen, bis die Sauce dunkelgrün bis braun ist. Dann haben sich alle bitteren Aromen verflüchtigt und die anderen Aromen konnten sich setzen. Wenn die Sauce zu sehr eindickt und zu sehr kocht, einfach mit einer winzigen Menge Wasser verdünnen. Häufig umrühren und zwischendurch abschmecken. Sie braucht rund 10–15 Minuten.

8. Während die Sauce kocht, in einer Pfanne neutrales Öl oder Kokosöl erhitzen und die Tofu-Stücke aus der Marinade nehmen und vorsichtig hineinlegen. Bei mittlerer Hitze braten, bis sie an den Rändern goldbraun sind.

9. Wenn die grüne Sauce eine dunkle, tiefgrüne Farbe angenommen hat, 100 ml Kokosmilch und ein paar Esslöffel der Tofu-Marinade hineinrühren. Mit Salz und Garam Masala abschmecken.

10. Ganz zum Schluss können Sie, wenn Sie möchten, Butter in einer Pfanne schmelzen bzw. Pflanzenöl erhitzen, geschälten, fein gehackten Knoblauch darin goldgelb braten und kurz vor dem Servieren unter den Eintopf heben (diesen Schritt können Sie auch weglassen, aber es schmeckt wirklich gut).

11. Die Tofu-Stücke kurz vor dem Servieren in den Topf oder direkt in die einzelnen Schüsseln legen, nachdem die Sauce verteilt wurde.

12. Zum Garnieren können Sie z. B. etwas fein geschnittenen frischen Ingwer verwenden.

Würziger Reis

Menge: ca. 4 Portionen Reis

1 GELBE ZWIEBEL

1 EL KOKOSÖL ODER NEUTRALES ÖL

1 TL GANZER KREUZKÜMMEL

4–5 GANZE GEWÜRZNELKEN

2 GRÜNE KARDAMOMKAPSELN

1 KLEINE ZIMTSTANGE

1 TL GEMAHLENE KURKUMA

½ TL SALZFLOCKEN

200 G BASMATIREIS

500 ML WASSER

1. Zwiebel schälen und fein hacken. In einem Topf in Öl anschwitzen, bis sie weich und goldgelb sind.

2. Kreuzkümmel, Nelken, Kardamom und Zimtstange hinzufügen und ein paar Minuten rösten, dann Kurkuma und Salz hinzufügen und alles gut umrühren.

3. Reis in den Topf geben, umrühren, damit er mit den Gewürzen bedeckt ist. Ein paar Minuten anschwitzen, dann Wasser angießen, umrühren und den Deckel aufsetzen.

4. Ca. 15 Minuten kochen lassen, bis das Wasser verdampft ist.

5. Mit einem Kochlöffel vorsichtig umrühren und den Reis bis zum Servieren ein paar Minuten stehen lassen. Zugedeckt warm halten.

Koriander-Chili-Sauce

Menge: ca. 200 ml Sauce

- 1 GRÜNER CHILI
- 1 ZITRONE
- 2 REICHLICHE HANDVOLL FRISCHER KORIANDER
- 1 REICHLICHE HANDVOLL FRISCHE MINZE
- ETWAS WASSER
- EVTL. FRISCHER INGWER
- SALZFLOCKEN
- GEMAHLENER KREUZKÜMMEL

1. Chili putzen, Saft von ½ Zitrone auspressen. Koriander und Minze mit Chili und Zitronensaft in einen Mixer geben und pürieren.
2. Die Konsistenz mit etwas Wasser anpassen, ggf. auch mit noch mehr Zitronensaft abschmecken. Sie können auch frischen Ingwer hineingeben, wenn Sie mögen.
3. Mit Salz und Kreuzkümmel abschmecken.
4. Im Kühlschrank aufbewahren.

Kokos-Raita mit Minze

Menge: ca. 300 ml Raita

- 1 SALATGURKE
- 1 DOSE KOKOSMILCH (NICHT FETTREDUZIERT)
- 1–2 EL FRISCH GEPRESSTER ZITRONENSAFT
- 1 HANDVOLL MINZBLÄTTER, FEIN GEHACKT
- ½ TL KREUZKÜMMEL
- ½ GETROCKNETER KORIANDER
- SALZFLOCKEN

1. Gurke waschen, grob reiben und überschüssige Flüssigkeit ausdrücken.
2. Falls die Kokosmilch sich getrennt hat, verrühren, bis sie eine glatte Konsistenz hat. Für eine dickere Raita können Sie auch nur die Kokoscreme nehmen und mit Kokoswasser bis zur gewünschten Konsistenz verdünnen.
3. Geriebene Gurke, Zitronensaft, Minze, Kreuzkümmel und Koriander unterrühren. Mit Salz abschmecken.

Chutney aus Trockenobst

Menge: ca. 400 ml Chutney

- 150 G GETROCKNETE APRIKOSEN
- 150 G GETROCKNETE FEIGEN
- 1 SCHALOTTE
- 1 EL FRISCHER INGWER
- 1 EL NEUTRALES ÖL
- 1 EL KORIANDERSAAT
- 1 EL SENFSAAT
- 30 G ROSINEN
- 300 ML WASSER
- 200 ML APFELESSIG
- 70 G BRAUNER ZUCKER ODER KOKOSBLÜTENZUCKER
- SALZFLOCKEN UND PFEFFER

1. Trockenobst in kleinere Stücke schneiden und zur Seite stellen.
2. Schalotte und Ingwer schälen, fein hacken und in einem Topf mit etwas Öl mit Koriander- und Senfsaat ein paar Minuten anschwitzen, bis die Schalotten weich sind.
3. Aprikosen- und Feigenstücke mit Rosinen hinzufügen. Wasser und Essig angießen, Zucker hinzufügen und das Ganze unter Rühren aufkochen lassen.
4. Kochen, bis das Obst weich ist und die Konsistenz sirupartig. Eventuell mit mehr Wasser verdünnen. Mit Salz und Pfeffer abschmecken.
5. Abkühlen lassen, anschließend in saubere Gläser abfüllen. Im Kühlschrank hält sich das Chutney bis zu 2 Wochen.

Naan-Brot

Menge: 8 kleine Naan-Brote

- 200 ML UNGESÜSSTE SOJAMILCH
- ½ EL TROCKENHEFE
- ½ EL SALZFLOCKEN
- ½ EL ZUCKER
- 1 + 1 EL NEUTRALES ÖL
- 180–240 G WEIZENMEHL
- NEUTRALES ÖL (GGF. GHEE) ZUM BRATEN
- EVTL. SESAM UND MEERSALZ ZUM BESTREUEN

1. Sojamilch erwärmen, bis sie handwarm ist. Dann mit Trockenhefe, Salz, Zucker und Öl in eine Backschüssel geben. Umrühren, bis die Trockenhefe sich aufgelöst hat. Mehl portionsweise (rund 50 g auf einmal) einrühren. Wie viel Sie genau benötigen, müssen Sie ausprobieren. Der Teig sollte nicht hart und fest werden, sondern weich und glatt. Daher immer nur kleine Portionen auf einmal nehmen und den Teig gründlich von Hand durchkneten. Er sollte auch nicht klebrig sein.

2. Hände mit etwas Öl benetzen und den Teig damit einreiben. In die Schüssel zurücklegen und gehen lassen. Er sollte seine Größe ungefähr verdoppeln.

3. Teig erneut durchkneten, in 8 Stücke teilen und zu kleinen Kugeln formen. Mit einem Küchenhandtuch zugedeckt 10–15 Minuten, gerne auch länger, gehen lassen.

4. Zum Ausbacken die Kugeln zunächst flachdrücken, dann mit den Händen zu einem Kreis arbeiten. Ich finde, es geht am einfachsten, wenn Sie den Teig zwischen den Handflächen und Fingern verarbeiten, nicht auf der Arbeitsfläche.

5. Wenn Sie nicht alle 8 Stücke auf einmal verarbeiten möchten, können Sie den Rest auch im Kühlschrank – luftdicht verschlossen – kalt stellen, bis Sie ihn benötigen.

6. Das Öl in eine Pfanne mit dickem Boden, am besten aus Gusseisen, geben. Die Pfanne auf mittlerer/hoher Stufe erhitzen, sodass das Öl gerade anfängt zu rauchen. Einen Fladen hineinlegen und nicht bewegen, bis der Teig anfängt, Blasen zu werfen. Haben Sie Geduld, es sollten sich auf dem ganzen Fladen gleichmäßig Blasen bilden. Mit einem Backpinsel etwas Öl aus der Pfanne nehmen und auf die Oberseite pinseln.

7. Mit Sesam – und etwas Salz, wenn Sie möchten – bestreuen, dann den Fladen wenden. Braten, bis auch die andere Seite gebräunt ist. Pro Naan-Brot rechne ich rund 3 Minuten, doch das hängt natürlich auch von Ihrem Herd und Ihrer Pfanne ab.

8. Auf diese Weise alle Naan-Brote braten. Dabei darauf achten, dass das Öl in der Pfanne richtig heiß ist, bevor Sie einen neuen Fladen hineinlegen.

Vorbereiten?

Indisches Essen lässt sich gut vorbereiten – die leckeren Aromen werden nur intensiver, wenn sie ein wenig durchziehen dürfen.

1. Das Chutney und die Koriander-Chili-Sauce können gut vorbereitet und im Kühlschrank aufbewahrt werden. Auch die Raita lässt sich vorbereiten, aber nicht ganz so lange kühl aufbewahren wie die anderen beiden Saucen.
2. Von den beiden Hauptgerichten schmeckt Chana Masala am besten, wenn es aufgewärmt wird, wenn Sie also ein Hauptgericht vorab zubereiten möchten, nehmen Sie das. Auch die Sauce für Palak Paneer lässt sich vorbereiten, sodass Sie vor dem Servieren nur noch den Tofu hinzufügen müssen.
3. Den Teig für die Naan-Brote können Sie morgens oder am Vortag zubereiten, aber braten sollten Sie die Brote frisch.

Gemeinsam zubereiten?

Sie wünschen sich einen großen Rahmen und laden zu einer Kochparty ein? Dieses Kapitel lässt sich ganz einfach auf mehrere Köche aufteilen!

1. Eine Person kümmert sich um Chana Masala.
2. Palak Paneer ist eine Aufgabe für zwei, denn das Rezept weist mehrere Arbeitsschritte auf und erfordert etwas mehr Aufmerksamkeit an den Töpfen.
3. Um die Saucen kann sich ebenfalls eine Person kümmern.
4. Auch für das Backen der Naan-Brote reicht eine Person – vielleicht der Saucenkoch?
5. Ich empfehle, die Gewürze für die einzelnen Schritte abzumessen und in Schälchen bereitzustellen, damit die Köche beim Würzen nicht durcheinander kommen.
6. Die Eintöpfe und der Reis lassen sich prima warm halten. Das Naan-Brot bereiten Sie als Letztes zu.

MEZE

Ein ganzer Tisch gefüllt
mit den besten Aromen der Welt.

DIES SIND DIE REZEPTE, DIE BEI MIR IMMER WIEDER ZUM EINSATZ KOMMEN UND WIEDER UND WIEDER …

Was ist besser als wirklich gute Falafeln? Klar, ein Tisch voller Schüsseln, die nur so strotzen vor Farben, Konsistenzen, neuen Aromen und Kombinationen, so viele, dass Sie kaum wissen, wo Sie anfangen sollen! Das ist besser als wirklich gute Falafeln. Genauso einen Meze-Tisch habe ich Gästen im letzten Jahr am häufigsten serviert, ob es nun zu einem Geburtstag war oder an Neujahr (denn wer schreibt uns vor, dass wir uns an norwegische Traditionen halten müssen und an Neujahr nur Kartoffeln mit Sauce essen dürfen?).

Dazu gehören natürlich Falafeln mit Unmengen an frischen Kräutern und seidenweicher Hummus, zubereitet auf diese spezielle Art, wie ich sie von Michael Solomonov (also aus seinem Kochbuch) gelernt habe. Solomonov betreibt das berühmte Restaurant Zahav in Philadelphia. Dazu gehört aber auch Muhamarra, ein unglaublich einfacher, aber unheimlich aromatischer Dip aus gegrillter Paprika und Walnüssen. Und natürlich nicht weniger als zwei Saucen auf Tahini-Basis: eine klassische Variante und eine mit frischem Koriander. Außerdem servieren Sie Kartoffeln, die innen wunderbar weich und außen schön knusprig und würzig sind, Gemüse, das gerade so lange gebraten wurde, dass es an den Rändern leicht gebräunt ist, einen Brotsalat mit Aubergine aus dem Nahen Osten, Fattoush genannt – eine wirklich interessante Art, Brot zu verarbeiten – sowie einen Zitrusfrüchtesalat mit Oliven und Minze. Apropos Minze: Wenn Sie einen Gemüsehändler in der Nähe haben, der wirklich gute Minze verkauft, mit groben Blättern und dicken Stängeln, kaufen Sie dort! Und zwar in Massen!

Das i-Tüpfelchen ist meine neue Lieblingszutat: Dukkah. Das ist eine fein gemahlene Mischung aus nicht weniger als elf Zutaten (testen Sie doch einmal, ob Ihre Gäste alle identifizieren können, und rufen Sie eine Prämie aus für die Person, welche die meisten richtig rät!), u. a. geröstete Haselnüsse, Pfeffer in verschiedenen Farben, Koriandersaat und Sesam. Ein paar Löffel Dukkah auf dem Zitrusfrüchtesalat oder in der Hummusschüssel sind nie verkehrt, doch am besten schmeckt es, wenn Sie überall ein wenig davon drüberstreuen. Kein Wunder, dass ich Dukkah so liebe, oder?

" Das i-Tüpfelchen ist meine neue Lieblingszutat: Dukkah. Das ist eine fein gemahlene Mischung aus nicht weniger als elf Zutaten.

Falafeln mit frischen Kräutern

Menge: ca. 20 Falafeln

- 150 G GETROCKNETE KICHERERBSEN
- 2 TL KORIANDERSAAT
- 2 TL GANZER KREUZKÜMMEL
- 1 ROTE ZWIEBEL
- 6 KNOBLAUCHZEHEN
- 1 TL SALZFLOCKEN
- 2 HANDVOLL FEIN GEHACKTE GLATTE PETERSILIE
- 2 HANDVOLL FEIN GEHACKTER KORIANDER
- 1 HANDVOLL FEIN GEHACKTE MINZE
- 1 ½ TL PAPRIKAPULVER
- 2 TL CHILIPULVER/HARISSA/SRIRACHA
- ½ TL GROB GEMAHLENER PFEFFER
- 2 EL OLIVENÖL EXTRA VERGINE + NEUTRALES ÖL ZUM BRATEN

1. 1–2 Tage im Voraus die getrockneten Kichererbsen in reichlich Wasser einweichen. Zwischendurch das Wasser austauschen. Wenn Sie 1 TL Backpulver ins Wasser geben, kann die Einweichzeit auch kürzer sein.
2. In einem Mörser Koriandersaat und Kreuzkümmel zerstoßen. Alternativ können Sie die Gewürze auch kurz im Mixer zerkleinern.
3. Die Zwiebel und den Knoblauch schälen. Alle Zutaten bis auf die Kichererbsen in den Mixer geben und zu einer glatten Masse pürieren, bis der Mixer die Masse „mitnimmt", sie sich also in einem Stück im Gefäß dreht. Erst dann die Kichererbsen hinzufügen und mixen. Es soll aber kein Brei werden! Testen Sie die Konsistenz, indem Sie 1 EL Masse vorsichtig zwischen den Händen zu einem Bällchen formen. Es sollte die Form behalten, wenn Sie es auf einem Brett ablegen.
4. Zubereitung durch Frittieren: Mit den Händen Bällchen formen und vorsichtig in Öl frittieren, bis sie auf allen Seiten goldbraun sind. Das Öl hat die richtige Temperatur, wenn es um ein kleines Stück Falafelmasse, das Sie hineingeben, sprudelt und der Teig innerhalb einiger Sekunden braun ist. Falafel vorsichtig aus dem Öl heben und auf Küchenpapier abtropfen lassen.
5. Zubereitung durch Backen: In eine Fettpfanne oder auf ein Backblech (ohne Backpapier, Sie brauchen die dunkle Kontaktfläche, um die richtige, starke Hitze zu erreichen) neutrales Öl träufeln. Je mehr Öl Sie verwenden, desto mehr ähnelt das Ergebnis den frittierten Falafeln. Das Blech sollte aber mindestens vollständig mit einer dünnen Schicht bedeckt sein, damit sie nicht zu trocken werden. Mit den Händen runde, flache Falafeln formen und auf das Backblech legen. Das Blech/die Fettpfanne bei 200 °C für 15 Minuten in den Ofen stellen, dann die Falafeln wenden und weitere 15 Minuten backen.

Hummus-Tehina

Menge: ca. 500 ml fertiger Hummus

- 225 G GETROCKNETE KICHERERBSEN
- 2 TL BACKPULVER
- 100 ML FRISCH GEPRESSTER ZITRONENSAFT (CA. 1 ½ ZITRONEN)
- 1 TL + 1 GROßE PRISE SALZFLOCKEN
- 4 KNOBLAUCHZEHEN
- 150 ML HOCHWERTIGE TAHINI*
- 150 ML EISKALTES WASSER
- 1 TL KREUZKÜMMEL
- TOPPING: OLIVENÖL EXTRA VERGINE, PAPRIKAPULVER UND GLATTE PETERSILIE

* Wenn Sie Tahini kaufen, empfehle ich die helle, feine Variante, die Sie bei türkischen Gemüsehändlern bekommen. Die gröberen, dunkleren Varianten schmecken viel bitterer und verleihen diesen Gerichten ein ganz anderes Aroma.

1. 8–24 Stunden, bevor Sie den Hummus zubereiten möchten, die Kichererbsen mit 1 TL Backpulver einweichen. Wenn Sie diese 24 Stunden lang einweichen, sollten Sie das Wasser zwischendurch wechseln (und wieder 1 TL Backpulver hinzufügen).
2. Kichererbsen abgießen und mit reichlich sauberem Wasser und 1 TL Backpulver (dann werden sie schneller gar) in einen großen Topf geben. Bei starker Hitze ca. 1 Stunde kochen, bis Sie sie zwischen den Fingern zerdrücken können. Nach etwa 30 Minuten Kochzeit können Sie mit den restlichen Zubereitungsschritten beginnen.
3. Zitronen auspressen, Kerne abseihen. Den Saft mit Salz und Knoblauchzehen (mit Schale) in einen Mixer füllen. Kurz zerkleinern, dann 10 Minuten ziehen lassen. Danach abseihen, um die Flüssigkeit von den zerkleinerten Knoblauchzehen zu trennen. Flüssigkeit mit Tahini zurück in die Küchenmaschine füllen und mixen.

4. Während der Mixer läuft, eiskaltes Wasser esslöffel-
weise hinzufügen. Wenn die ganze Wassermenge
verarbeitet und die Tahini schön luftig ist, Kichererbsen abgießen, gut abtropfen lassen und dann mit
Kreuzkümmel in den Mixer geben.

5. Den Mixer auf höchster Stufe 5–10 Minuten laufen
lassen, bis Sie den weichsten und luftigsten Hummus der Welt bekommen. Soll der Hummus etwas
dünner sein, etwas mehr Wasser hinzufügen. Anschließend mit Salz, Zitronensaft und Kreuzkümmel abschmecken.

6. In eine flache Schale füllen, mit der Rückseite eines
Löffels verteilen und Olivenöl darübergießen. Mit
Paprikapulver bestreuen und mit Petersilie garnie-
ren.

Muhamarra
Menge: ca. 300 ml Dip

4 GROSSE PAPRIKASCHOTEN
NEUTRALES ÖL
200 G WALNÜSSE
2 TL GRANATAPFELSIRUP
1–2 EL FRISCH GEPRESSTER ZITRONENSAFT
½ EL KREUZKÜMMEL
½ EL CHILIFLOCKEN
½ EL UNGARISCHES PAPRIKAPULVER
SALZFLOCKEN
TOPPING: OLIVENÖL EXTRA VERGINE, WALNÜSSE

1. Den Ofen auf 225 °C vorheizen.

2. Paprikaschoten halbieren, von Kerngehäusen und
weißen Häuten befreien und mit der Schnittfläche
nach oben in eine feuerfeste Form legen (kein Backpapier verwenden). Die Haut mit etwas neutralem
Öl einstreichen und im Ofen braten, bis sie schwarz
ist und Blasen wirft.

3. Sie können die Walnüsse roh verarbeiten, aber ich
röste sie lieber vorher. Mit den Händen leicht zerdrücken und in einer trockenen Pfanne 5–10 Minuten rösten, bis sie an den Rändern goldbraun sind.
Zum Abkühlen zur Seite stellen.

4. Wenn die Paprikahaut schwarz ist, die Schoten aus
dem Ofen holen und in eine Schüssel mit Deckel

füllen. Dicht verschlossen ca. 10 Minuten stehen
lassen. Jetzt lässt sich die Haut leicht abziehen. Die
Paprikaschoten sind immer noch ziemlich heiß,
passen Sie also auf Ihre Finger auf! In einen Mixer
geben.

5. Walnüsse und die restlichen Zutaten in den Mixer
geben und mit der Pulse-Funktion zur gewünschten
Konsistenz zerkleinern. Wie Sie auf den Bildern
sehen, ist Muhamarra-Dip bei mir recht grob, Sie
können ihn aber auch ganz fein pürieren. Eventuell
müssen Sie etwas getrocknetes Brot hinzufügen,
damit die Konsistenz etwas fester wird.

6. Vor dem Servieren mit Olivenöl beträufeln und mit
ein paar zusätzlichen Walnüssen garnieren. Luftdicht verschlossen im Kühlschrank aufbewahren.

Gebackene Kartoffeln mit Chili, Knoblauch und Koriander (Batata harra)
Menge: ausreichend für 2 Personen

500 G FESTKOCHENDE KARTOFFELN
2 EL NEUTRALES ÖL
SALZFLOCKEN

Dressing

2–4 KNOBLAUCHZEHEN
3 EL OLIVENÖL EXTRA VERGINE
1 TL CHILIFLOCKEN ODER CHILIPASTE
ABGERIEBENE SCHALE UND SAFT VON 1 UNBEHANDEL-
TEN ZITRONE
SALZFLOCKEN UND PFEFFER
1 HANDVOLL FRISCHER KORIANDER

1. Kartoffeln schälen und in größere Stücke schneiden.
Auf einem Backblech verteilen, mit 2 EL neutralem
Öl beträufeln und mit 1 Prise Salz bestreuen. Bei
200 °C im Backofen braten, bis sie weich und an den
Rändern goldbraun sind.

2. Knoblauchzehen schälen und fein hacken. Knoblauch, Olivenöl und Chiliflocken (schmecken Sie
die Schärfe mit Chili und Knoblauch ab, es darf
ruhig richtig scharf sein) in eine Pfanne geben und
bei mittlerer Hitze anschwitzen, bis der Knoblauch

weich und fast glasig ist. Zitronensaft und -abrieb, 1 Prise Salz und Pfeffer hinzufügen.

3. Kartoffeln in die Pfanne geben und alles gründlich vermengen, bis die Kartoffeln das Dressing vollständig aufgenommen haben.

4. Zum Schluss Koriander fein hacken und über die Kartoffeln streuen.

Fattoush mit Auberginen

Menge: Beilage für 4–6 Personen oder Hauptgericht für 2 Personen

Auberginen

    1-2 AUBERGINEN
    OLIVENÖL EXTRA VERGINE
    SALZFLOCKEN

Salat

    2-3 FLADENBROTE
    OLIVENÖL EXTRA VERGINE
    1 SALATGURKE
    1 ROMANASALAT ODER SALATHERZ
    ½ ROTE ZWIEBEL ODER 1 FRÜHLINGSZWIEBEL
    10-12 CHERRYTOMATEN ODER 4 GROSSE,
        ROTE TOMATEN
    FRISCHE PETERSILIE
    FRISCHE MINZE
    4 EL GERÖSTETE PINIENKERNE

Dressing

    2 TL SUMACH
    2 EL FRISCH GEPRESSTER ZITRONENSAFT
    2 EL GRANATAPFELSIRUP
    4 EL OLIVENÖL EXTRA VERGINE
    1 TL WEISSWEINESSIG
    SALZFLOCKEN

1. Zunächst die Auberginen grob würfeln und auf einem mit Backpapier ausgelegten Backblech verteilen. Mit reichlich Olivenöl beträufeln, mit Salzflocken bestreuen und bei 200 °C auf mittlerer Schiene ca. 20 Minuten im Ofen backen, bis das Gemüse weich und an den Rändern gebräunt ist.

2. Fladenbrote in kleinere Stücke reißen oder schneiden und mit etwas Olivenöl vermengen, am besten

verwenden Sie zum Mischen die Hände. So vorbereiten, dass das Brot in den Ofen kann, wenn die Auberginen fertig sind.

3. Die Zutaten für das Dressing in einer Schale verrühren und zur Seite stellen.

4. Salatzutaten vorbereiten: Salat waschen und in Stücke rupfen. Gurke längs halbieren, mit einem Teelöffel das weiche Kerngehäuse entfernen und den Rest in Scheiben schneiden. Zwiebel schälen und in Streifen schneiden, Tomaten halbieren bzw. würfeln. Kräuter grob hacken.

5. Die Hälfte des Dressings mit den Salatzutaten vermengen und ziehen lassen, während die Auberginen abkühlen und die Brotwürfel im Ofen sind.

6. Zum Schluss Salat, Auberginen und Brotwürfel mischen. Mit dem restlichen Dressing beträufeln und mit Pinienkernen bestreuen. Mit noch ein paar Kräutern und Sumach garnieren.

Zitrusfrüchte-Avocado-Salat

Menge: Beilage für 4–6 Personen

    1-2 GRAPEFRUITS
    2-3 ORANGEN UND/ODER BLUTORANGEN
    1-2 LIMETTEN
    KUMQUAT, FALLS ERHÄLTLICH
    SALZFLOCKEN
    2 EL FRISCH GEPRESSTER ZITRONENSAFT
    1 GRANATAPFEL
    2-3 AVOCADOS
    OLIVENÖL EXTRA VERGINE
    4 EL GROB GEHACKTE PISTAZIEN
    FRISCHE MINZE

1. Mit einem scharfen Messer die Zitrusfrüchte schälen und die weiße Haut entfernen. Danach in ca. 1 cm dicke Scheiben schneiden – oder nach Geschmack auch in etwas größere Würfel. Das Obst in eine Schüssel geben, mit einer reichlichen Prise Salz bestreuen und mit Zitronensaft beträufeln, damit die Früchte etwas Saft abgeben.

2. Während die Früchte ziehen, können Sie den Granatapfel halbieren und die Kerne herauslösen. Ich finde, am einfachsten geht es, wenn Sie den Granatapfel vierteln und in einer großen Schüssel unter Wasser arbeiten, dann spritzt es nicht.

3. Die Früchte aus der Schüssel nehmen und auf einer Servierplatte anrichten. Avocados halbieren, entkernen und das Fruchtfleisch herauslösen, würfeln und zwischen den Obstscheiben verteilen. Den Fruchtsaft aus der Schüssel verwenden Sie als Dressing. Zum Schluss mit ein paar Tropfen Olivenöl beträufeln und mit Pistazien und Minze bestreuen.

Zitrus-Tahini-Dressing

Menge: ca. 200 ml Dressing

SAFT VON 1 ORANGE
SAFT VON 1–2 ZITRONEN
4 EL TAHINI
2 TL APFELESSIG
2 EL DIJONSENF
2–4 KNOBLAUCHZEHEN UND/ODER DIE GLEICHE
    MENGE INGWER

1. Bei diesem Rezept haben Sie viele Möglichkeiten, den Geschmack zu verändern, je nachdem, wie viel Fruchtsaft, Senf, Knoblauch und/oder Ingwer Sie verwenden.

2. Zunächst Orange und Zitronen auspressen und mit Tahini, Apfelessig und Dijonsenf verrühren.

3. Knoblauch und/oder Ingwer schälen, reiben und in die Sauce rühren.

4. Abschmecken.

Koriander-Tahini-Dressing

Menge: ca. 200 ml Dressing

100 ML TAHINI
100 ML KALTES WASSER
4 EL FRISCH GEPRESSTER ZITRONENSAFT
1 GROSSES BUND KORIANDER (UND/ODER GLATTE
    PETERSILIE)
SALZFLOCKEN UND PFEFFER

Alle Zutaten bis auf Salz und Pfeffer in einen Mixer oder eine Küchenmaschine geben und zu einem herrlich grünen Dressing verarbeiten. Mit Salz und Pfeffer abschmecken.

Dukkah

Menge: ca. 400 ml Gewürzmischung

140 G HASELNÜSSE (OHNE SCHALE)
75 G KÜRBISKERNE
3 EL KORIANDERSAAT
1 EL FENCHELSAAT
1 EL GANZER KREUZKÜMMEL
½ EL GANZER GRÜNER PFEFFER
1 EL GANZER WEISSER PFEFFER
1 EL WEISSER SESAM
1 EL SCHWARZER SESAM
½ TL MEERSALZ
1 TL PAPRIKAPULVER

1. Die Zubereitung von Dukkah geht sehr schnell. Alles wird in einer Pfanne geröstet und dann im Mörser oder Mixer zerkleinert, und nichts muss lange rösten. Füllen Sie daher die Zutaten in folgender Reihenfolge in Gläser oder Schüsselchen: Haselnüsse und Kürbiskerne, Koriandersaat, Fenchelsaat und Kreuzkümmel, grüner und weißer Pfeffer (evtl. auch nur eine Sorte, dann in der doppelten Menge) und weißen und schwarzen Sesam (auch hier gilt: ggf. nur eine Sorte, dann in der doppelten Menge).

2. Zunächst Haselnüsse grob hacken und mit den Kürbiskernen entweder in einer Pfanne oder im Ofen (wenn er schon vorgeheizt ist, geht das schneller) rösten. Sie sollten goldbraun sein.

3. In einer trockenen Pfanne die einzelnen Zutaten der Reihe nach rösten, dabei darf nichts anbrennen. Meist genügen 30–60 Sekunden in der Pfanne. Anschließend direkt in den Mörser oder Mixer füllen.

4. Wenn alles geröstet im Mixer/Mörser ist, Salz und Paprika hinzufügen und das Ganze zerkleinern. Es sollte eine feine Mischung sein, aber kein Pulver.

5. In einem trockenen Glas aufbewahrt hält sich die Mischung mehrere Wochen (wenn nicht gar Monate).

Vorbereiten?

Sie haben Glück, bei diesem Kapitel können Sie wirklich viel vorbereiten – egal, ob Sie einfach einen Wochenvorrat anlegen oder einen Abend für Gäste ausstatten möchten!

1. Hummus, Muhamarra und die Dressings können bis zu 1 Woche vorher zubereitet und in Gläsern im Kühlschrank aufbewahrt werden. Auch Dukkah lässt sich vorher zubereiten und bei Zimmertemperatur luftdicht verschlossen aufbewahren.
2. Bereiten Sie die Falafelmasse 1 oder 2 Tage vorher zu und bewahren Sie sie im Kühlschrank auf. Sie können Sie natürlich auch nach und nach verarbeiten!
3. Die Salate schmecken am besten frisch, und das gilt auch für die Kartoffeln – auf jeden Fall frisch zubereiten!

Gemeinsam zubereiten?

Dies ist ein super Kapitel für gemeinsame Kocherfahrungen! Keiner der Schritte dauert wirklich lange, aber natürlich braucht es viel Zeit, wenn man alles alleine macht (glauben Sie mir, ich habe es schon mehrfach ausprobiert).

1. Die Falafelmasse sollten Sie früh zubereiten, und das gilt auch für das Einweichen der Kichererbsen (am Vortag). Wenn Sie zum Kochen einladen, sollte der Teig am besten schon fertig sein.
2. Alle Saucen und Dressings einschließlich Dukkah lassen sich früh zubereiten und aufbewahren, damit können Sie also anfangen. Die Nüsse für das Dukkah müssen zuerst im Ofen geröstet werden, danach stellen Sie die Paprikaschoten für den Muhamarra-Dip hinein, die gegrillt werden müssen. Sie können den Ofen also anlassen.
3. Gleichzeitig kann sich jemand um das Kleinschneiden der Kartoffeln kümmern, die auch in den Ofen müssen, und sie auf einem Backblech mit Backpapier bereitstellen.
4. Hier wird vieles im Ofen zubereitet. Ich empfehle, mit den Falafeln anzufangen, während der Rest geschnitten und zubereitet wird, und sie kurz vor dem Servieren aufzuwärmen. Das Brot für den Fattoush bekommt zwischendurch 5 Minuten. Die Kartoffeln werden erst kurz vor dem Servieren gebacken, ich finde, sie schmecken dann am besten.
5. Die Salate – Fattoush und Zitrusfrüchte-Salat – werden zubereitet, während die anderen Gerichte im Ofen stehen. Jetzt können Sie auch den Tisch decken.
6. Ich verteile gerne alles auf mehrere Schüsseln, vor allem, wenn ich viele Gäste habe. Dann gibt es 2 Schüsseln Hummus, 2 mit Salaten usw. Dann müssen die Gäste nicht zu viele Schüsseln quer über den ganzen Tisch reichen. Servieren Sie Lavash oder Fladenbrot dazu, außerdem Limettenspalten, Salz und evtl. ein paar Oliven.

FREITAGS-TACOS

Tacos – etwas anders, als wir sie kennen,
aber mindestens genauso gut.

DAS GEFÜHL, WENN MAN FEST-STELLT, DASS DIE LIEBLINGSZUTAT BEIM TACOESSEN KOHL IST

Bei uns zu Hause – in meiner Kindheit – kümmerte sich meine Großmutter um das Abendessen. Nicht weil meine Mutter und mein Vater keine Lust dazu hatten (glaube ich), sondern weil Großmutter seit dem Jahr, in dem ich geboren wurde, bis sie starb, in einer Wohnung in unserem Haus wohnte, und weil sie (glaube ich) das ganze Haus damit verwöhnen wollte, dass das Essen fertig auf dem Tisch stand, wenn alle von der Arbeit kamen. Als Kind war mir gar nicht klar, welch unglaublicher Luxus das für meine Eltern gewesen sein muss, ein Luxus, der ihnen die Planung des Alltags erheblich vereinfachte – und für mich bedeutete, dass ich nach der Schule nicht nach Hause laufen musste (100 Prozent bergauf), weil Großmutter zufällig zu der Zeit einkaufen musste, als die Schule aus war. Ganz zufällig, und natürlich ganz zufällig jeden Tag.

Großmutter kochte gute, norwegische Hausmannskost. Es fing an mit Kartoffeln, und wenn sie einmal besonders kühn war und diesen neumodischen Kram ausprobieren wollte, machte sie Makkaroni. In weißer Sauce. Ich dachte, das macht man so, bis ich erwachsen war und feststellte, dass es wohl nur Groß-mutter so machte. Aber ich liebte es.

Weil meine Mutter unter der Woche nicht kochte, hatte sie wahrscheinlich an den Wochenenden noch mehr das Bedürfnis nach all diesen neuen Geschmäcken, die in den Achtziger- und Neunzigerjahren nach Norwegen kamen. Für mich ist ein Samstag gleichbedeutend mit Pizza mit dickem Boden *vor dem Fernseher* (oh mein Gott, so wild und verrückt!), und nach und nach übernahm sie auch die Tradition der Freitags-Tacos (manchmal gab es auch Fondue) – wenn auch in einer etwas anderen Variante, als ich sie inzwischen zubereite. Doch wie immer beim Taco-Essen ging es vor allem darum, Taco-Shells so vollzu-stopfen, dass nichts herausquoll, es ging darum, wer am meisten essen konnte, und ich traute mich kaum, die fertige Taco-Sauce zu probieren, auf der *Hot*! stand. Heute weiß ich natürlich: Sie ist nicht besonders scharf, und eigentlich ist es auch keine richtige Salsa.

Da Tacos in Norwegen – obgleich freitagsabends zur festen Tradition geworden – nicht sehr authentisch sind, habe ich versucht, dorthin zu blicken, wo man eigentlich hinschauen sollte, wenn es um Tacos geht: nach Mexico. Dort verwendet man keine vorfrittierten Taco-Schalen, sondern kleine Mais- oder Weizen-fladen. Ein Taco kann alles Mögliche sein, aber immer enthält er verschiedene Füllungen – mit verschie-denen Aromen, die zusammenpassen. In diesem Kapitel finden Sie eine große Auswahl, und es bleibt Ihnen überlassen, ob Sie alle oder nur ein paar davon zubereiten. Ich finde, die besten Fladen sind die kleinen aus 100 Prozent Maismehl, und am liebsten lege ich sie auf eine große Platte, bevor ich die Fül-lungen darauf verteile. Nacho-Chips müssen natürlich auch auf den Tisch.

In diesem Kapitel finden Sie auch einen Tomatenreis, der heiß und aromatisch ist und den Sie entweder oben auf die Tacos geben können (wie bei einem Burrito, wenn Sie große Fladen haben) oder dazu genie-ßen. Die Pilze sind geräuchert und gebraten und verleihen dem Gericht die nötige Menge an Umami. Refried Beans sorgen für ein angenehmes Raucharoma und viele Nährstoffe. An Stelle von gewöhnlichem

grünen Salat habe ich einen Krautsalat aus fein geschnittenem Weiß-
kohl zubereitet mit einem säuerlichen Chili-Koriander-Dressing. Das
klingt vielleicht langweilig, gehört aber zu meinen Lieblings-Zutaten
bei Tacos. Eine Tomatensalsa (Pico de Gallo) gehört natürlich auch
dazu, und wenn Sie es rauchig mögen, können Sie auch auf eine gebackene Salsa Rojo setzen – stattdessen oder zusätzlich. Außerdem mache
ich Guacamole mit Mango (!) und eine käsige, cremige Sauce, deren
Schärfe Sie mit Chili oder Chipotle anpassen können. Als Füllungen
eignet sich auch gebackenes oder kurzgebratenes Gemüse, das sorgt für
Substanz und Bissfestigkeit. Nehmen Sie das, was Sie am liebsten mögen oder was weg muss! Wussten Sie zum Beispiel, dass Blumenkohl
aus dem Ofen ganz hervorragend in Tacos schmeckt?

> **Weil meine Mutter unter der Woche nicht kochte, hatte sie
> wahrscheinlich an den Wochenenden noch mehr das
> Bedürfnis nach all diesen neuen Geschmäcken, die in den
> Achtziger- und Neunzigerjahren nach Norwegen kamen.**

Als kleinen Bonus – oder Ode an meine Großmutter – habe ich frit-
tierte Kartoffel-Tacos kreiert, eigentlich eine Art Kartoffelpüree mit
Knoblauch, Chili und Koriander, das in kleine Fladen eingewickelt
wird, bevor diese in heißem Öl frittiert werden. Etwas Krautsalat, Salsa
und Sauce darauf, und schon sind Sie bereit für Ihre Freitags-Tacos.
Klingt nach ganz schön viel? Klingt nach einem gemütlichen Ta-
co-Abend, vor allem, wenn Sie Gäste dazu einladen! Ein perfektes
Essen, um es mit anderen gemeinsam zuzubereiten.

Tomatenreis mit Koriander

Menge: ca. 400 g Reis

> 1 GELBE ZWIEBEL
> NEUTRALES ÖL ODER OLIVENÖL EXTRA VERGINE
> SALZFLOCKEN
> 200 G LANGKORNREIS
> 2–4 KNOBLAUCHZEHEN
> 1 GRÜNER ODER ROTER CHILI ODER JALAPEÑO
> ½–1 TL KREUZKÜMMEL
> ½–1 TL CHILIFLOCKEN
> 200 ML FEIN PÜRIERTE TOMATEN
> 300 ML WASSER
> FRISCHER KORIANDER
> 1–2 LIMETTEN
> FRISCH GEMAHLENER PFEFFER

1. Zwiebel schälen, fein hacken und in einem großen Topf mit dickem Boden mit 1 EL Öl und 1 Prise Salz bei mittlerer Hitze anschwitzen, bis die Zwiebelwürfel goldgelb sind.
2. Reis unter Wasser abspülen und mit 2 EL Öl in den Topf geben. Die Hitze erhöhen und den Reis etwa 5 Minuten gleichmäßig rühren, bis er glasig geworden ist.
3. Knoblauch schälen, Chilischote putzen, Knoblauch und Chili fein hacken und in den Topf geben (die Hitze wieder reduzieren). Ein paar Minuten anschwitzen.
4. Kreuzkümmel, Chiliflocken, Salz, Tomatenpüree und Wasser hinzufügen. Aufkochen lassen, dann den Deckel auflegen und die Hitze so reduzieren, dass der Reis leicht köchelt. Ca. 15 Minuten einkochen lassen, bis die Flüssigkeit verdampft ist. Probieren Sie den Reis, er sollte noch ein wenig Biss haben. Ist er zu hart, den Deckel wieder auflegen und den Reis 5–10 Minuten zur Seite stellen, bevor Sie weitermachen.
5. Koriander fein hacken. Reis vorsichtig auflockern, Limetten darüber auspressen und Koriander hinzufügen. Mit Salz, Pfeffer und Chiliflocken abschmecken.

Geräucherte, marinierte Pilze

Menge: ca. 2–4 Portionen

> 1 GELBE ZWIEBEL
> ÖL ZUM BRATEN
> SALZFLOCKEN UND PFEFFER
> 400 G GEMISCHTE PILZE (ICH NEHME MEIST SEITLINGE UND BRAUNE CHAMPIGNONS)
> 2–3 KNOBLAUCHZEHEN
> 1 CHILI ODER JALAPEÑO
> 2 EL TOMATENMARK
> 1 EL OLIVENÖL EXTRA VERGINE
> 1 EL APFEL- ODER REISESSIG
> 2 EL SOJASAUCE
> ½–1 TL GETROCKNETER OREGANO
> ¼–½ TL LIQUID SMOKE (NACH GESCHMACK)
> ½–1 EL SRIRACHA ODER EINE ANDERE CHILISAUCE
> 1 EL AHORNSIRUP ODER AGAVENDICKSAFT

1. Zwiebel schälen, fein hacken und mit 1 EL Öl und 1 Prise Salz in der Pfanne anschwitzen, bis die Würfel weich sind.
2. In der Zwischenzeit die Pilze vorbereiten. Abbürsten und ggf. beschädigte Stellen abschneiden. Meist rupfe ich Seitlinge in dünne Streifen und verarbeite die Champignons mit dem Messer. Wenn die Zwiebeln weich sind, Pilze und 1 EL Öl in die Pfanne geben und die Hitze erhöhen. Braten, bis ein Großteil der Flüssigkeit verdampft ist. Zwischendurch umrühren.
3. Knoblauch schälen, Chili putzen, beides fein hacken. Beides in die Pfanne geben, umrühren und ein paar Minuten braten.
4. In einer kleinen Schale Tomatenmark, Olivenöl, Essig, Sojasauce, getrockneten Oregano, Liquid Smoke, Sriracha und Ahornsirup verrühren. Eine gute Prise Salz und Pfeffer hinzufügen.
5. Wenn die Pilze anfangen braun zu werden, Marinade darübergießen. Gut umrühren und einkochen lassen. Mit Salz und Pfeffer abschmecken. Die marinierten Pilze haben ein sehr kräftiges Aroma, wenn man sie pur isst.
6. Sie können in einer Pfanne aufgewärmt und/oder im Ofen zugedeckt warm gehalten werden.

Refried Beans

Menge: ca. 250 g Bohnen

1 GELBE ZWIEBEL
2 EL NEUTRALES ÖL
2 GROSSE KNOBLAUCHZEHEN
1 JALAPEÑO ODER GRÜNER/ROTER CHILI
1 CHIPOTLE IN ADOBOSAUCE* + 1 EL SAUCE
½ TL KREUZKÜMMEL
1 TL PAPRIKAPULVER
SALZFLOCKEN
1 DOSE SCHWARZE ODER BRAUNE BOHNEN
100 ML WASSER
½ TL GEKÖRNTE BRÜHE

1. Zwiebel schälen, fein hacken und bei mittlerer Hitze in einem Topf mit dickem Boden in Öl glasig anschwitzen.
2. Knoblauch schälen und fein hacken, Jalapeño/Chilischoten putzen, fein hacken und ein paar Minuten mit den Zwiebeln braten.
3. Chipotle fein hacken, dann mit Kreuzkümmel, Paprikapulver und einer reichlichen Prise Salz hinzufügen. Umrühren und ein paar Minuten ebenfalls anschwitzen.
4. Bohnen spülen und abtropfen lassen. Mit Wasser und gekörnter Brühe in den Topf geben, aufkochen lassen und dann ca. 5 Minuten kochen, bis ein Großteil der Flüssigkeit verdampft ist.
5. Mit einem Pürierstab oder in einem Mixer die Mischung zu einem feinen, glatten Püree verarbeiten.

* Wenn Sie die Chipotle in Adobosauce nicht bekommen, können Sie sie durch folgende Mischung ersetzten: 1 EL Tomatenmark, 1 EL Apfelessig, ½ TL Rauchpaprikapulver, ½ TL Cayennepfeffer, ½ TL Kreuzkümmel, ½ TL getrockneter Oregano und 1 Prise Salzflocken.

Frittierte Kartoffel-Tacos

Menge: 10–12 kleine Tacos

450 G FESTKOCHENDE KARTOFFELN
3–4 KNOBLAUCHZEHEN
3 EL OLIVENÖL EXTRA VERGINE
1 TL KREUZKÜMMEL
½–1 TL CHILIFLOCKEN
½–1 TL FRISCH GEMAHLENER PFEFFER
SALZFLOCKEN
10–12 KLEINE FLADEN (AM BESTEN AUS
    100 % MAISMEHL)
NEUTRALES ÖL ZUM FRITTIEREN

1. Kartoffeln waschen. Sie müssen sie nicht schälen, wenn sie eine dünne Schale haben. In große Würfel schneiden, in einen Topf geben, mit Wasser bedecken, aufkochen lassen und dann ca. 15 Minuten weich kochen. Das Kochwasser abgießen und die Kartoffeln ein paar Minuten ausdampfen lassen.
2. Knoblauch schälen, reiben und mit Öl, Kreuzkümmel, Chili, Pfeffer und einer guten Prise Salz hinzufügen. Mit einem Kochlöffel oder Kartoffelstampfer das Ganze zu Kartoffelstampf verarbeiten. Ggf. mehr Olivenöl hinzufügen, falls erforderlich. Mit Salz und Pfeffer abschmecken.
3. 1 EL Kartoffelstampf auf eine Hälfte des Fladens geben und diesen dann zuklappen. Mit den Händen die Ränder zusammendrücken. Achten Sie darauf, dass keine Füllung hervorquillt.
4. In einen Topf mit dickem Boden und Deckel (sehr wichtig, wenn Sie frittieren!) 5–6 cm hoch neutrales Öl einfüllen. Die Temperatur überprüfen Sie, indem Sie ein Holzstäbchen in das Öl halten – wenn es sofort anfängt zu sprudeln, ist es heiß genug.
5. Frittieren Sie vorsichtig einen Kartoffel-Taco nach dem anderen im Topf. Dazu Werkzeuge aus Holz oder Metall verwenden, nicht aus Kunststoff. Nach ein paar Minuten die Tacos wenden und braten, bis sie auf beiden Seiten schön gebräunt sind.
6. Vielleicht verlieren die Tacos etwas Füllung, die dann im Topf braun wird. Das macht nichts, aber Sie können die Reste vorsichtig mit einem Schöpflöffel (mit kleinen Löchern) herausfischen.

→

7. Die fertig frittierten Tacos auf einem Teller mit Küchenpapier abtropfen lassen.
8. Topping daraufgeben, servieren und genießen!

Pico de gallo/rohe Tomatensalsa
Menge: ca. 500 ml Salsa

2 GELBE ZWIEBELN
4–5 KNOBLAUCHZEHEN
500 G ROTE TOMATEN
SALZFLOCKEN
SAFT VON 2–3 LIMETTEN
FRISCHER KORIANDER

1. Zwiebeln und Knoblauchzehen abziehen und fein hacken. Tomaten ebenfalls fein hacken und alles zusammen in eine Schüssel füllen. Mit einer großzügigen Prise Salz bestreuen und mit dem Saft von 1 Limette beträufeln. Eine Viertelstunde lang ziehen lassen.
2. Danach Koriander unterheben und mit noch mehr Salz und Limettensaft abschmecken.

Salsa roja/gegrillte Tomatensalsa
Menge: ca. 300 ml Salsa

2 GRÜNE FRISCHE CHILIS ODER JALAPEÑOS
2 GETROCKNETE CHIPOTLE-CHILIS (ODER ANDERE CHILIS, DIE SIE MÖGEN)
2 GETROCKNETE ANCHO-CHILIS (ODER ANDERE CHILIS, DIE SIE MÖGEN)
1 GELBE ZWIEBEL
4 KNOBLAUCHZEHEN
4 GROSSE, ROTE TOMATEN
2–3 HANDVOLL FRISCHER KORIANDER
SALZFLOCKEN

1. Es ist nicht immer ganz einfach, getrocknete Chilis aufzutreiben, aber in großen Supermärkten, spezialisierten Lebensmittelgeschäften und in einigen Reformhäusern könnten Sie fündig werden. Sie verleihen dem Gericht ein ganz anderes Aroma und eine andere Tiefe als andere Chilis. Wenn Sie also Salsa mögen, gehen Sie auf Chilijagd. Hier können Sie eine Sorte oder auch mehrere verwenden. Sie entscheiden. Prüfen Sie aber die Schärfe, die auf der Verpackung steht, und passen Sie die Menge danach an. Ich verarbeite gerne eine milde und eine scharfe Sorte.
2. Zwiebeln und Knoblauch schälen. Tomaten und Zwiebel halbieren, die Knoblauchzehen leicht andrücken und alles auf ein Backblech verteilen und in den Ofen stellen, am besten mit eingeschalteter Grillfunktion (falls vorhanden). Im Ofen ca. 15 Minuten backen, bis das Gemüse eingefallen und an den Rändern gegrillt ist.
3. In einer trockenen Pfanne getrocknete Chilis ca. 5–6 Minuten rösten, bis es im ganzen Haus herrlich duftet. Stiele abschneiden, Schoten aufschneiden und Kerne herauskratzen.
4. In einer Schüssel die Chilis mit kochendem Wasser übergießen und 10–15 Minuten ziehen lassen, bis sie weich sind. Anschließend das Wasser abgießen.
5. Alle Zutaten in einen Mixer geben und zu einer glatten Salsa verarbeiten.
6. Soll die Salsa noch aromatischer sein, fügen Sie getrockneten Oregano, Limettensaft, Olivenöl und evtl. Zucker hinzu.

Cremige Sauce
Menge: ca. 300 ml Sauce

100 G UNGESALZENE CASHEWKERNE
4 EL NÄHRHEFE
½ TL MEERSALZ
½ TL KREUZKÜMMEL
1 PRISE KNOBLAUCHPULVER
1 PRISE CHILIPULVER/½ TL CHIPOTLE IN ADOBO
100-200 ML UNGESÜSSTE PFLANZENMILCH ODER WASSER

1. Cashewkerne in Wasser 10 Minuten kochen. Abgießen und in einen Mixer geben.

2. Nährhefe, Salz, Kreuzkümmel, Knoblauchpulver und Chili hinzufügen. Wenn Sie Chipotle in Adobosauce haben, können Sie statt des Chilis auch ½ Teelöffel der Sauce verwenden.
3. Zu einer glatten, festen Creme verarbeiten.
4. Während der Mixer langsam läuft, nach und nach Pflanzenmilch (oder Wasser) hinzufügen, bis die Sauce die gewünschte Konsistenz hat.
5. Im Kühlschrank aufbewahren. Dort hält sich die Creme bis zu 1 Woche.

Guacamole mit Mango
Menge: ca. 500 ml Guacamole

½ ROTE ZWIEBEL
1–2 KNOBLAUCHZEHEN
2 GRÜNE CHILIS ODER JALAPEÑOS
SALZFLOCKEN
SAFT VON 1 LIMETTE + EINIGE SPRITZER ZUM ABSCHMECKEN
1 WEICHE, REIFE MANGO
3 GROSSE, REIFE AVOCADOS
1 EL OLIVENÖL EXTRA VERGINE
1 EL WASSER
1 HANDVOLL FRISCHER KORIANDER

1. Zwiebel und Knoblauch schälen und hacken, Chilis ebenfalls hacken und alles in eine Schüssel geben. 1 Prise Salz und Limettensaft hinzufügen. Ziehen lassen. Sie können die Chilimenge auch reduzieren, wenn die Guacamole nicht so scharf sein soll.
2. Mango schälen und das Fruchtfleisch in kleine Stücke schneiden. Die Guacamole darf ruhig ein wenig stückig sein.
3. Avocados halbieren, Kern entfernen und das Fruchtfleisch mit einem Löffel aus der Schale lösen. Mit einer Gabel in einer Schüssel zerdrücken. 1 kleine Prise Salz, Olivenöl und Wasser unterrühren und weiter mit der Gabel bis zur gewünschten Konsistenz zerdrücken.
4. Zwiebel-Knoblauch-Mischung und Mangowürfel unterheben. Koriander fein hacken und mit der Guacamole vermengen.
5. Mit Limettensaft und Salzflocken abschmecken. Sie können auch Chiliflocken oder ein paar Tropfen Essig für noch mehr Aroma hinzufügen.

Krautsalat mit Koriander und Limette
Menge: ca. 350 g Topping für die Tacos

2 LIMETTEN
2 TL HELLER ESSIG
1 TL ZUCKER ODER AGAVENDICKSAFT
100 G KOHL
2 FRÜHLINGSZWIEBELN
1 HANDVOLL FRISCHER KORIANDER
SALZFLOCKEN
1 PRISE CHILIFLOCKEN

1. Limetten mit etwas Druck über die Arbeitsplatte rollen, damit sie weicher werden, dann halbieren und den Saft in eine Schüssel auspressen.
2. Essig und Zucker unterrühren, bis der Zucker sich aufgelöst hat.
3. Kohl von Strunk und harten Blättern befreien und auf einer Mandolinenreibe oder mit einem Messer in hauchdünne Streifen schneiden.
4. Frühlingszwiebeln in feine Ringe schneiden, Koriander fein hacken.
5. Beides mit dem Kohl mischen, dann alles mit dem Dressing vermengen.
6. Mit Salz und Chili abschmecken.

Vorbereiten?

Das Schöne an Tacos wie diesen ist, dass im Gegensatz zur klassischen norwegischen Variante, bei der das Gemüse schon zusammengefallen ist, bevor Sie bis fünf zählen konnten, hier alles vorbereitet werden muss – damit die ganzen tollen Aromen sich richtig entfalten können.

1. Salsas und Krautsalat werden nur besser, wenn sie einen oder zwei Tage stehen, daher können Sie diese Dinge gut vorbereiten. Das gilt auch für die Cashew-Sauce.
2. Auch der Reis lässt sich vorbereiten und in einem Topf oder einer Pfanne aufwärmen. Fügen Sie etwas Wasser hinzu, wenn Sie Angst haben, dass er zu trocken wird.
3. Refried Beans lassen sich problemlos früh zubereiten und müssen nur kurz im Topf aufgewärmt werden.
4. Die Pilze können Sie zugedeckt warm halten, wenn Sie sie vor den anderen Zutaten zubereiten.
5. Bereiten Sie die Füllung für die Kartoffel-Tacos vor, dann müssen Sie die Tacos kurz vor dem Servieren nur noch füllen und frittieren.

Gemeinsam zubereiten?

Freitags-Tacos sind ein prima Grund, Gäste einzuladen und in der Küche einzubinden. Vielleicht wird es ein wenig chaotisch, aber ohne das wäre es auch keine richtige Party, oder?

1. Wenn Sie Refried Beans am gleichen Tag zubereiten möchten, an dem sie gegessen werden sollen, verwenden Sie statt der getrockneten Bohnen (die 24 Stunden eingeweicht werden müssen) die gekochten aus der Dose. Die Bohnen lassen sich auf dem Herd warm halten, daher können Sie mit ihnen anfangen.
2. Bereiten Sie die Füllung für die Kartoffel-Tacos früh zu und stellen Sie sie kalt, bis Sie die Tacos frittieren möchten.
3. Kalte (Salsa, Guacamole, Saucen) und warme (Bohnen, Pilze und Reis) Speisen lassen sich gut parallel zubereiten. Alles lässt sich problemlos eine Weile kalt bzw. warm halten, bevor es verzehrt wird. Sie müssen sich also keine Sorgen ums Timing machen. Legen Sie den Avocadokern in die Guacamole, dann wird sie nicht braun.
4. Sollen Fladen und Nachos im Ofen erwärmt werden, können Sie das erledigen, während Sie die Tacos frittieren.
5. Wenn Sie Kartoffel-Tacos anbieten möchten, sollten diese erst kurz vor dem Essen frittiert werden, sie schmecken frisch am besten.
6. P.S.: Mag jemand keinen Koriander, also wirklich gar keinen Koriander, können Sie ihn durch glatte Petersilie ersetzen. Denken Sie daran, dass Sie auch die Stängel des Korianders verarbeiten können. Einfach fein hacken, sie schmecken genauso gut wie die Blätter in Salsa, Krautsalat und Guacamole.

REGISTER

DANKE!

Und jetzt bleibt mir nur noch zu sagen: Vielen lieben Dank!

Danke noch einmal dem Verlagsteam, mit dem ich dieses Buch zusammen gemacht habe: der Fotografin Josefin, der Redakteurin Marianne und der Gestalterin Ingrid dafür, dass Ihr so aufmerksam seid und so großes Vertrauen in meine Ideen habt, und dafür, dass Ihr Euch so sehr kümmert – um dieses Buch und um mich.

Danke an alle meine Kollegen bei der Arbeit, die den Prozess rund um die Entstehung des Buches nicht nur offen begleitet, sondern ihn auch unterstützt haben, während im Büro die Hölle los war.

Danke an meine Großmütter und meine Mutter dafür, dass Ihr mich immer in die Küche gezogen habt, mich habt auf der Arbeitsplatte sitzen und tausend Fragen habt stellen lassen. Ich durfte probieren, schmecken, das Chaos zurücklassen und zurückkommen, wenn es Zeit war zu essen. Ihr habt den Grundstein dafür gelegt, wie ich über Essen und über das gemeinsame Kochen mit anderen denke.

Danke an all meine Freunde, die zum Essen gekommen sind, wenn es schon fertig war – und auch, wenn ich noch nicht einmal angefangen hatte –, dafür, dass Ihr Euch an den Tisch gesetzt und geschnippelt, geredet, gelacht und probiert habt, bevor wir zusammen gegessen haben. Ich hoffe, in den nächsten Jahren wird es noch viel mehr Gelegenheiten geben als in den letzten Jahren, damit wir gemeinsame Erinnerungen schaffen und in Erinnerungen schwelgen können.

Danke an Øystein dafür, dass Du der weltbeste Ehemann bist und der Fels in der Brandung bei diesem Buchprozess warst. Es ist leicht zu sagen, es wäre nicht ohne dich gegangen, aber ganz ehrlich: Es wäre nicht ohne dich gegangen. Dies ist unser Buch.

Und last, but not least: Danke an alle Blog- und Buchleser, die meine Essenserinnerungen jeden Tag mit mir teilen und nicht zuletzt meine Rezepte zu ihren machen. Das ist die größte Vertrauenserklärung, die ich bekommen kann. Und ich lasse mich von Euch jeden Tag überraschen und begeistern. Ich hoffe, dieses Buch kann dazu beitragen, noch mehr gute Essenserinnerungen zu schaffen, und ich würde mich wirklich freuen, von diesen auch zu erfahren.

Mia

VERLAGSGRUPPE PATMOS

PATMOS
ESCHBACH
GRUNEWALD
THORBECKE
SCHWABEN
VER SACRUM

Die Verlagsgruppe
mit Sinn für das Leben

© der deutschen Ausgabe 2020 Jan Thorbecke Verlag,
Verlagsgruppe Patmos in der Schwabenverlag AG, Ostfildern
www.thorbecke.de
© der Originalausgabe mit dem Titel „Grønnere!" bei
Cappelen Damm AS, Norwegen, 2018
Foto: Josefin Linder/Team Sporenstrek
Food-Design: Mia Frogner und Josefin Linder/
Team Sporenstrek
Gestaltung und Layout: Ingrid Skjæraasen
Umschlaggestaltung: Finken & Bumiller, Stuttgart
Gedruckt in Lettland
ISBN 978-3-7995-1423-1 (Print)
ISBN 978-3-7995-1462-0 (eBook)